Disfrute gratuitamente **DURANTE UN AÑO** de los eBook y audiolibros de las obras de Editorial Colex*

- ⊘ Acceda a la página web de la editorial **www.colex.es**

- ⊘ Identifíquese con su usuario y contraseña. En caso de no disponer de una cuenta regístrese.

- ⊘ Acceda en el menú de usuario a la pestaña «Mis códigos» e introduzca el que aparece a continuación:

RASCAR PARA VISUALIZAR EL CÓDIGO

Compraventa inmobiliaria. Paso a paso

- ⊘ Una vez se valide el código, aparecerá una ventana de confirmación y su eBook y/o audiolibro estará disponible **durante 1 año desde su activación** en la pestaña «Mis libros» en el menú de usuario.

---

* Los audiolibros están disponibles en las ediciones más recientes de nuestras obras. Se excluyen expresamente las colecciones «Códigos comentados», «Biblioteca digital» y los productos de www.vademecumlegal.es.

No se admitirá la devolución si el código promocional ha sido manipulado y/o utilizado.

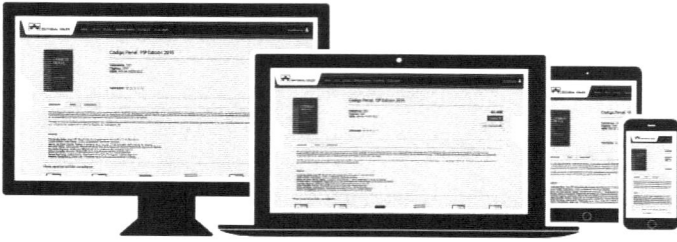

¡Gracias por confiar en nosotros!

La obra que acaba de adquirir incluye de forma gratuita la versión electrónica. Acceda a nuestra página web para aprovechar todas las funcionalidades de las que dispone en nuestro lector.

Funcionalidades eBook

Acceso desde cualquier dispositivo con conexión a internet

Idéntica visualización a la edición de papel

Navegación intuitiva

Tamaño del texto adaptable

Síguenos en:

COMPRAVENTA INMOBILIARIA

Todas las claves para adquirir
viviendas y otros inmuebles

COMPRAVENTA INMOBILIARIA

Todas las claves para adquirir
viviendas y otros inmuebles

3.ª EDICIÓN 2025

Obra realizada por el Departamento de Documentación de Iberley

COLEX 2025

© Editorial Colex, S.L.
Calle Costa Rica, número 5, 3.º B (local comercial)
A Coruña, 15004, A Coruña (Galicia)
info@colex.es
www.colex.es

I.S.B.N.: 978-84-1194-853-1
Depósito legal: C 48-2025

SUMARIO

ANEXO I. CASOS PRÁCTICOS

ANEXO II. FORMULARIOS

0.
LA COMPRAVENTA INMOBILIARIA

Teoría del título y modo

De conformidad con el artículo 609 del Código Civil, la propiedad se adquiere por la ocupación en el caso de *res nullius,* es decir, de bienes que no tienen dueño. Por otro lado, también puede adquirirse o transmitirse la propiedad y demás derechos sobre los bienes que se adquieren y transmiten:

- Por ley, mediante la donación o la sucesión testada e intestada. Dicha adquisición «por ley» implica que no es necesaria una entrega de la posesión, sino que el título es suficiente para la transmisión del derecho.

- Por consecuencia de ciertos contratos mediante la tradición, por lo que requieren expresamente de una entrega (efectiva o espiritualizada, como veremos más adelante).

Mediante la prescripción, es decir, la posesión pacífica en concepto de dueño continuada en el tiempo.

El sistema español de transmisión se basa en la denominada teoría del título y modo, elementos necesarios para la transmisión, como se recoge en reiterada jurisprudencia. En este sentido, la **sentencia del Tribunal Supremo n.º 352/2014, de 19 de junio, ECLI:ES:TS:2014:2481**, señala:

> «El Derecho español recoge explícitamente la **doctrina del título y el modo como modo de adquirir el derecho de propiedad, conforme a los artículos 609 y 1095** y copiosa jurisprudencia: sentencias del 10 mayo 2004, 5 octubre 2005, 14 junio 2007, 13 noviembre 2009, 2 diciembre 2010. El título es el acto por el que se establece la voluntad de enajenación del derecho. El modo es el acto por el que se realiza efectivamente la enajenación por el transmitente, que es adquisición por el adquirente. A su vez, el modo está ligado al título en que se basa y le da su fundamento jurídico. Es decir, nuestro Derecho acoge la teoría del título y el modo, con el **sistema de tradición (modo) basada en el negocio jurídico precedente (título): tradición causal**».

En el mismo sentido apuntado jurisprudencialmente, se pronuncia la **Dirección General de Tributos en su consulta vinculante V0021-22 de 4 de enero de 2022**:

> «La adquisición de la propiedad en nuestro derecho se fundamenta en la "teoría del título y modo de adquirir", considerándose que para adquirir la propiedad por transmisión intervivos **no basta con el mero contrato traslativo** o acto constitutivo, sino que **es necesario, además, otra formalidad o requisito que es precisamente el modo de adquirir o tradición**, o lo que es lo mismo, la entrega de la posesión. Por tanto, el modo es el hecho que consuma y completa la adquisición de la propiedad, mediante la tradición o entrega de la posesión del bien inmueble transmitido».

Los artículos 609 y 1095 del Código Civil recogen el sistema de transmisión y configuran esta teoría del título y el modo al establecer, por un lado, que la propiedad se adquiere y transmite como consecuencia de ciertos contratos, mediante la tradición y, por otro, que el acreedor no adquiere derecho real sobre ella hasta que le haya sido entregada, aunque tenga derecho a los frutos desde que nace la obligación de entregarla. Es decir, que el contrato (título) hace surgir el derecho real, pero este no se transmite hasta que no se entrega la cosa (modo).

Así pues, el **modo** es la entrega y el **título** es el contrato en virtud del cual se realiza tal entrega, produciéndose la adquisición de la propiedad cuando concurren ambos.

En el caso de la compraventa inmobiliaria, el título es el contrato con finalidad traslaticia y el modo o tradición es la entrega o traspaso posesorio del bien, en este caso, el inmueble.

Perfeccionamiento vs. consumación del contrato

Tradicionalmente en la doctrina se han distinguido **tres fases en la formación del contrato**:

1. La de la generación o tratos previos.
2. La de la perfección, que produce el nacimiento a la vida jurídica.
3. La de la consumación, que afecta al cumplimiento de las obligaciones.

Únicamente la fase de perfección del contrato es la fase propiamente contractual, ya que la de tratos previos en realidad tiene carácter precontractual y la de consumación se refiere al desarrollo de un contrato ya perfeccionado.

Define la RAE la perfección del contrato como el «momento a partir del cual el contrato vincula a las partes», así pues, perfeccionado el contrato se entiende que existe y puede comenzar a producir sus efectos. Si bien será necesaria la consumación del contrato para su ejecución y cumplimiento.

Por lo que se refiere al contrato de compraventa, cabe distinguir entre la perfección y la consumación del mismo en los términos siguientes:

- En cuanto a la perfección, señala el artículo 1450 del CC que «La venta se perfeccionará entre comprador y vendedor, y será obligatoria para ambos, si hubieren convenido en la cosa objeto del contrato y en el precio, aunque ni la una ni el otro se hayan entregado». Por lo tanto, la perfección deriva del acuerdo entra las partes sobre la cosa y el precio que supone la existencia de título en los términos ya examinados.

– Perfeccionado el contrato, cabe hacer referencia a su consumación mediante el cumplimiento de las obligaciones derivadas del título, esto es, en virtud del artículo 1445 del CC, la entrega de cosa determinada y el pago del precio estipulado.

Si se atiende a lo anterior, queda reflejada la teoría del título y el modo en el contrato de compraventa en los términos siguientes: la perfección del contrato determina la existencia del título, si bien este no supone por sí solo, la transmisión del dominio será necesario para ello la concurrencia del modo, esto es, la tradición o entrega de la cosa vendida, independientemente de cuál sea la forma elegida para ello.

En la misma línea, es necesario destacar que la adquisición deriva del título y el modo, si bien, el cómo se formaliza aquélla no es determinante, sino que simplemente acredita la misma; así se recoge en la **sentencia del Tribunal Supremo n.º 541/2014, de 11 de octubre, ECLI:ES:TS:2014:3867:**

> «En tiempos pasados se planteó el tema de si la inscripción en el Registro de la Propiedad ha sustituido al título y modo en la adquisición del dominio. No es así. El título y modo tienen una órbita de aplicación distinta: aquellos se refieren a la adquisición y la inscripción acredita la adquisición ya realizada, adquisición completa en virtud de título y modo.
>
> Por tanto, lo cierto es que cuando un derecho real sobre un bien inmueble se inscribe en el Registro de la Propiedad, ya se ha producido por entero la adquisición; es decir, si le alcanza el ámbito de la teoría del título y el modo, ya se ha producido tanto el título como el modo. La inscripción, por tanto, no sustituye o equivale al modo».

RESOLUCIONES ADMINISTRATIVAS

Consulta Vinculante de la Dirección General de Tributos, V1540-05 de 22 de julio de 2005

> *«(...) el Derecho español, según el Tribunal Supremo y opinión mayoritaria de la doctrina, recoge la teoría del título y el modo, de tal manera que "no se transfiere ... el dominio si no se acredita la tradición de la cosa vendida" (Sentencia de 27 de abril de 1983). La tradición puede realizarse de múltiples formas, entre las que pueden citarse para los bienes inmuebles: la puesta en poder y posesión de la cosa, la entrega de las llaves o de los títulos de pertenencia o el otorgamiento de escritura pública».*

Consulta Vinculante de Dirección General de Tributos, V0934-22 de 29 de abril de 2022

> *«Es decir, la suscripción de contrato privado de compraventa no comporta, por sí mismo, la adquisición de la cosa, para transferir el dominio será necesario, además, que se produzca la tradición o entrega de la cosa vendida, con independencia de las posibles obligaciones futuras o aplazadas.*
>
> *La tradición puede realizarse de múltiples formas, entre las que pueden citarse, para los bienes inmuebles, la puesta en poder y posesión de la cosa, la entrega de las*

llaves o de los títulos de pertenencia o el otorgamiento de escritura pública dicho otorgamiento, conforme dispone el Código Civil, equivale a la entrega siempre y cuando de ésta no resulte o se deduzca lo contrario».

Reflejo de la perfección y consumación, en la vida cotidiana puede ser el caso de una compra de las que se hacen todos los días, como puede ser la compra de una barra de pan. En este supuesto práctico, salvando las distancias:

- Se perfecciona el contrato en el momento de entrar en la tienda cuando se decide qué comprar y se pide, en este caso, al panadero: hay acuerdo en el objeto (la barra de pan) y el precio (el que pone la etiqueta).

- La consumación del contrato en este caso se produce casi al instante: cuando el panadero entrega la barra de pan pedida *(traditio)*, y se le da a cambio el precio acordado (pago).

El caso anterior permite ver reflejada en la práctica una compraventa sencilla, si bien las operaciones inmobiliarias son mucho más complejas que la compra de una barra de pan, razón por la cual perfeccionamiento y consumación suelen dilatarse en el tiempo. Dicho aplazamiento puede ser necesario por causas muy diversas. A continuación, se exponen algunas de las más frecuentes:

a) Por causa del objeto:

- **Causas físicas**. El supuesto más obvio en este caso, serían las viviendas en construcción dado que no se puede entregar lo que no existe, no puede haber consumación, pero sí que se puede perfeccionar el contrato acordando cómo debe ser el objeto por entregar y el precio que se abonará. En estos casos, la definición del objeto resulta esencial, ya que debe ser lo más exhaustiva posible.

- **Causas jurídicas**. En otras ocasiones, los motivos pueden ser de índole jurídica, como la necesidad de realizar actuaciones jurídicas (aceptación de herencia), registrales (reanudación de tracto, declaración de obra nueva) u otro tipo de trámites para el cumplimiento de la normativa en el momento del otorgamiento (cédula de habitabilidad, declaración de obra nueva, etc.).

b) Por causa de las partes: en otros muchos supuestos, el motivo de la separación entre el acuerdo de voluntades y la consumación del contrato se debe estrictamente a las partes: el vendedor necesita tiempo para desalojar el inmueble, o el comprador necesita financiación para completar el pago.

Pero estos motivos no impiden que se pueda llegar al acuerdo sobre la compraventa, que será debidamente plasmado en un contrato privado, plenamente válido y vinculante entre las partes, en el que, en señal del interés del comprador, suele entregarse un determinado importe de dinero.

La plasmación documental del perfeccionamiento y la consumación

Siguiendo lo expuesto anteriormente, es habitual en las compraventas inmobiliarias que perfeccionamiento y consumación queden documentados en dos documentos distintos:

a) El perfeccionamiento suele documentarse en un **contrato privado**, en el que las partes acuerdan el alcance de las obligaciones: objeto de la compraventa, precio a abonar, y cualesquiera otras que sean necesarias para llevar el contrato perfeccionado hasta su consumación.

Este acuerdo de voluntades se formaliza mediante un documento privado y produce plenos efectos obligacionales entre las partes. Se trata de un documento esencial, por cuanto en el momento de firma del contrato deben haber quedado plenamente definidas todas las obligaciones de las partes, desde las obvias de plazo de entrega y forma de pago del precio, hasta las obligaciones intermedias y cumplimiento de hitos del contrato, condiciones suspensivas o resolutorias, garantías, penalizaciones por incumplimiento, distribución de gastos del otorgamiento, y todas aquellas que puedan ser necesarias para el adecuado desarrollo del mismo.

Con la firma del contrato privado, la compraventa se ha perfeccionado y es plenamente exigible para ambas partes, si bien las obligaciones asumidas por cada una de ellas quedan pendientes de cumplimiento.

Como consecuencia de lo anterior, es imprescindible haber realizado una revisión de la situación jurídica del inmueble con carácter previo a la firma del contrato privado, a los efectos de conocer la situación de lo que se está adquiriendo y poder establecer en el contrato correspondiente las cautelas necesarias (ya sean mediante ajustes de precio o mediante la exigencia al vendedor del cumplimiento de determinadas obligaciones).

Por tanto, el asesoramiento jurídico especializado en esta fase resulta esencial para evitar posibles conflictos ulteriores, y asegurarse una operación sin incidencias.

El rango de estas obligaciones es muy amplio: desde el ámbito civil (la existencia de arrendatarios u ocupantes, servidumbres, derechos reales de terceros, deudas de comunidad, pleitos con vecinos...) hasta el ámbito administrativo (afecciones urbanísticas, suelos contaminados, expropiaciones, órdenes de demolición...), sin olvidar las obligaciones tributarias vinculadas al inmueble (afecciones fiscales, deudas de IBI...).

b) Por su parte, la consumación suele producirse con el **otorgamiento de escritura pública de compraventa**, momento en el que, por regla general, se produce el pago íntegro del precio y la entrega de la propiedad, teniendo de esta forma un título y un modo en los términos ya analizados.

El acto de otorgamiento de escritura pública, con carácter general, tiene una doble finalidad:

- La entrega espiritualizada del inmueble (denominada *traditio ficta*). En este sentido debe tenerse presente lo previsto en el artículo 1462, párrafo 2.º, del CC que para la entrega de la cosa vendida recoge el supuesto de la tradición instrumental al establecer: «Cuando se haga la venta mediante escritura pública, el otorgamiento de ésta equivaldrá a la entrega de la cosa objeto del contrato, si de la misma escritura no resultare o se dedujere claramente lo contrario».

– La documentación de la compraventa en un instrumento inscribible en el registro de la propiedad. La inscripción en el registro de la propiedad otorga a nuestro derecho una protección extra que facilita notablemente el tráfico inmobiliario, a través de los principios registrales (inscripción, prioridad, legalidad, especialidad, tracto sucesivo, legitimación, rogación, publicidad, fe pública registral e inoponibilidad) y las presunciones jurídicas que de ellos derivan.

Además, en caso de que sea necesario hipotecar el inmueble adquirido, es de destacar que, en nuestro ordenamiento jurídico, la hipoteca inmobiliaria (como garantía) no se entiende válidamente constituida hasta su correcta inscripción en el registro de la propiedad, tal y como señala el artículo 1875 del CC.

En este sentido cabe citar **la sentencia del Tribunal Supremo n.º 398/2012, de 28 de junio, ECLI:ES:TS:2012:6212**:

«(...) la venta se perfeccionará entre el comprador y el vendedor, y será obligatoria para ambos, desde que convengan la cosa objeto del contrato y el precio; y en nada obsta el hecho de que, tratándose de la venta de bien inmueble, la teoría translativa del título y del modo exija tradición instrumental, es decir, otorgamiento de escritura pública para la transmisión del dominio, porque ésta no es necesaria para la perfección del negocio, sino para el correcto incumplimiento de sus obligaciones por parte del vendedor (...)».

La concepción formal de la *traditio* o transmisión de la propiedad como un acto material, ha dado paso a una idea más espiritualizada contemplando otras formas de tradición diferentes de la propia entrega material del bien (entrega de llaves, entrega de los títulos de pertenencia, otorgamiento de escritura...).

Si bien lo habitual es que la operación se consume (es decir, se cumplan todas las obligaciones de las partes) con el otorgamiento de la escritura, no siempre es así, ya que podemos encontrarnos las siguientes situaciones:

– **Pendencia de las obligaciones**: que no se haya consumado la compraventa por quedar obligaciones esenciales pendientes de cumplimiento, como en los supuestos de pactos de reserva de dominio, o la existencia de pagos aplazados.

– **Consumación al margen de la escritura**: por otro lado, podemos encontrarnos con una compraventa consumada al margen de una escritura pública, siempre que se hayan verificado la entrega y el pago del precio. La limitación en estos casos será no contar con un título inscribible en el registro de la propiedad.

1.
LA FORMA DEL CONTRATO DE COMPRAVENTA INMOBILIARIA

La forma en el contrato de compraventa: arts. 1278 y 1280 del CC

El **artículo 1278 del Código Civil** recoge el **principio de libertad de forma** siguiendo la regla general del derecho español, principio que será de aplicación al contrato de compraventa. Así consagra la obligatoriedad de los contratos **cualquiera que sea la forma** en que se celebren, siempre que en ellos concurran las condiciones esenciales para su validez.

Recoge, además, el **artículo 1279 del CC** la posibilidad de que se exija forma especial en determinados contratos, en este sentido señala:

> «Si la ley exigiere el otorgamiento de escritura u otra forma especial para hacer efectivas las obligaciones propias de un contrato, los **contratantes podrán compelerse recíprocamente a llenar aquella forma** desde que hubiese intervenido el consentimiento y demás requisitos necesarios para su validez».

Por su parte, el **artículo 1280 del CC** establece la obligación de determinados actos de constar en documento público. ¿**Cuáles son estos actos?**

- Los **actos y contratos que tengan por objeto la creación**, transmisión, modificación o extinción de derechos reales sobre bienes inmuebles.

- Los **arrendamientos de bienes inmuebles por seis o más años**, siempre que deban perjudicar a tercero.

- Las **capitulaciones matrimoniales** y sus modificaciones.

- La **cesión, repudiación y renuncia de los derechos hereditarios** o de los de la sociedad conyugal.

- El **poder para contraer matrimonio**, el general para pleitos y los especiales que deban presentarse en juicio; el poder para administrar bienes, y de cualquier otro que tenga por objeto un acto redactado o que deba redactarse en escritura pública, o haya de perjudicar a tercero.

- La **cesión de acciones o derechos procedentes de un acto consignado en escritura pública.**

Ciertamente, conforme establecen los artículos 1445 y 1450 del Código Civil, el contrato de compraventa se perfecciona por el acuerdo de las partes sobre el objeto y el precio y, a pesar de lo anterior, no se entiende este **requisito formal** como *ad solemnitatem* sino *ad probationem*, hasta el extremo de que ninguna forma es exigida para la validez y efectividad de los contratos, salvo en casos muy concretos y especiales, que precisamente por ello están expresamente previstos por la ley, entre los que no se encuentra la compraventa. En este sentido se pronuncia la **sentencia del Tribunal Supremo de 30 de septiembre de 1988, ECLI:ES:TS:1988:6677**. Añade esta resolución a su vez, que «(...) si con apoyo en dicho núm. 1.°, del art. 1.280, **el comprador puede compeler al vendedor para el otorgamiento de escritura pública**, de acuerdo con el art. 1.279 del CC, **lo que no puede hacer, con base en la falta de otorgamiento de ella, es dejar de pagar el precio**, porque en tal caso esa circunstancia significaría establecer al deudor una condición, en cuanto al pago del precio de la invocada compraventa, que haría depender su efectividad de la exclusiva voluntad del deudor, lo que lo haría nulo (...)».

De lo anterior deriva que el otorgamiento de la escritura no es condición para el pago del precio, sino que **el contrato se consuma con la entrega íntegra del inmueble** en cuestión siendo el precio realmente exigible. Reitera la jurisprudencia que la elevación a escritura pública de lo convenido en documento privado no condiciona, por tanto, ni técnica ni legalmente el contrato, se trata de un requisito que una de las partes puede exigir a la otra, pero no es necesario para la perfección del contrato, sino requisito de su consumación.

En consonancia con todo lo expuesto, la **sentencia del Tribunal Supremo n.° 303/2014, de 16 de septiembre, ECLI:ES:TS:2014:4159**, fija en los siguientes términos la siguiente **doctrina jurisprudencial** en relación con el **incumplimiento de la obligación de elevar a escritura pública el contrato de compraventa**:

> «(...) el incumplimiento de la obligación de elevar a escritura pública el contrato de compraventa celebrado, conforme a lo dispuesto por el artículo 1280 del Código Civil, **no es causa directa de resolución contractual** al amparo del artículo 1124 del Código Civil».

1.1. Diferencias materiales y formales entre contrato privado y compraventa

¿Cómo se hace constar la compraventa de un inmueble?

Como hemos señalado anteriormente, por cuestiones prácticas se ha llegado a una estructura en dos pasos para la formalización de las compraventas inmobiliarias, tanto de obra nueva, como de segunda mano:

1. Contrato privado inicial en el que el comprador asume la obligación de adquirir el inmueble y abonar el precio y el vendedor asume la obligación de entregarlo. En caso de que se trate de una obra nueva en construcción, este contrato será sobre un objeto futuro, por lo que el vendedor-promotor debería asumir, además, las obligaciones propias para finalizar el inmueble y que este se encuentre en condiciones de ser entregado (incluyendo la numerosa documentación administrativa).

En el contrato privado se establecen la totalidad de las condiciones de la compraventa. Las fundamentales serán precio, plazos, fórmulas de pago y garantías, pero también otras adicionales tales como gastos, distribución de riesgos, actuaciones previas de las partes, manifestaciones y garantías sobre la situación del inmueble, que deberán adaptarse en función de las necesidades de cada inmueble y operación. Contar con el asesoramiento jurídico de un abogado especializado en la materia resulta esencial para regular adecuadamente un contrato privado.

CUESTIÓN

¿Cuáles son los efectos del contrato privado inicial?

El contrato privado inicial solo produce efectos obligacionales entre las partes, a las que obliga a cumplir lo estipulado, conforme a los artículos 1091, 1256 y 1258 del Código Civil, que recogen la fuerza vinculante de los contratos. Tiene plenos efectos legales entre las partes, aunque no frente a terceros, al no poder ser inscrito en el registro de la propiedad por tratarse de un documento privado. Y, conforme establece el artículo 1225 del Código Civil, tendrá el mismo valor que la escritura pública entre los que lo hubiesen suscrito y sus causahabientes.

El contrato privado no tiene efectos jurídico-reales entre tanto la vivienda no tenga materialidad real íntegra y/o no se transmita la posesión.

2. Otorgamiento de escritura pública de compraventa en el plazo que se establezca.

Por medio de esta escritura, el vendedor entrega la vivienda transfiriendo el dominio sobre la misma al comprador, y este abona el precio convenido.

Aunque no es obligatorio, para poder inscribir la compraventa en el registro de la propiedad, debe otorgarse en escritura pública ante notario, quien da fe pública de la identidad, legitimación y capacidad de las partes y del título legítimo del vendedor, lo cual confiere de seguridad jurídica al negocio. La inscripción, además, produce efectos frente a terceros.

Dada la envergadura que normalmente tiene una compraventa inmobiliaria, resulta extraño que no se escriture notarialmente. Además de que las entidades bancarias lo exigen para otorgar un préstamo hipotecario.

Con la entrega de la vivienda aparecen la mayor parte de los problemas en materia de incumplimientos.

Así pues, el contrato privado es la clave que va a articular toda la operación de compraventa, hasta el momento en que se consume la operación con el otorgamiento de la escritura de compraventa. El contrato privado, si bien no precisa tantos formalismos como la escritura pública, es jurídicamente mucho más relevante que la segunda: con él nacen los derechos y las obligaciones de las partes. Son las instrucciones para llegar al otorgamiento de la escritura, que no debería ser más que una traslación a formato notarial de los acuerdos alcanzados por las partes en el contrato privado.

Diferencias entre el contrato privado y la escritura pública

Podemos **diferenciar el contrato privado de la escritura pública según los efectos jurídicos y la forma**:

a) **En cuanto a la forma:**

- En el contrato privado cualquier soporte o forma es válido (incluso la forma verbal, con los problemas de prueba que conlleva), siendo partes firmantes únicamente las partes interesadas, sin que sea necesaria la intervención de un tercero como es el notario, interviniente obligado en la escritura pública de compraventa, que debe formalizarse en papel timbrado.

- La intervención del agente inmobiliario en el contrato privado es únicamente como mediador que cobra por sus servicios de intermediación. El notario en la escritura pública, sin embargo, interviene como parte del acto, al dar fe del negocio jurídico de compraventa. Su presencia e intervención es requisito *sine qua non*.

- El contrato privado debe firmarse en todas sus hojas, en tantas copias como partes intervengan en la compraventa (salvo supuestos como la utilización de papel timbrado o firma electrónica de un documento completo), cada una de las cuales se quedará con un original. No así la escritura pública posterior que, tras la lectura por parte del fedatario público, se firmará por él y las partes únicamente en la última hoja, en una única copia original que se incorporará al protocolo notarial, recibiendo las partes una copia autorizada y/o copias simples.

b) **En cuanto a los efectos o diferencias materiales:**

- El documento privado no tiene presunción de veracidad ni, por tanto, fuerza para probar determinadas cuestiones, a diferencia de la escritura pública, que se presume veraz en cuanto a la fecha de otorgamiento, partes, hechos y contenido de lo manifestado en ella, aunque tal presunción tenga carácter *iuris tantum* y, por tanto, admitir prueba en contrario.

- El contrato privado de compraventa no es inscribible en el registro de la propiedad, a diferencia de la escritura pública otorgada ante notario, que puede ser registrada y, consecuentemente, recibir la especial protección registral frente a terceros.

- El documento privado no transmite por sí mismo la propiedad, salvo que se acompañe de la entrega del bien. Por el contrario, la escritura pública de compraventa transmite la propiedad, al conformar un supuesto de *traditio ficta* en el que no se da un traspaso o entrega efectiva de la cosa, sino una ficción de entrega, produciendo los mismos efectos que esta.

– A diferencia de la escritura pública de compraventa, el contrato privado no es directamente ejecutable ante los tribunales, sino que obliga a interponer la acción correspondiente, probar la pretensión y someterse a la decisión judicial para hacer valer el derecho.

– Ambos contratos producen efectos tributarios, aunque en diferente medida, debiendo tributar en el Impuesto sobre Transmisiones Patrimoniales y Actos Jurídicos Documentados o en el IVA (en el caso de venta de inmueble de nueva construcción).

DIFERENCIAS FORMALES		
	DOCUMENTO PRIVADO	**ESCRITURA PÚBLICA**
Partes firmantes	Partes interesadas	Partes interesadas y notario
Soporte	Cualquiera	Papel timbrado
Posición de la firma	En todas las páginas	En la última página
N.º copias firmadas	Tantas como partes intervengan	Solo 1
N.º ejemplares	Un original para cada parte	- Copia original en la notaría incorporada al protocolo notarial - Una copia autorizada o copias simples a las partes

DIFERENCIAS MATERIALES (EFECTOS)		
	DOCUMENTO PRIVADO	**ESCRITURA PÚBLICA**
Fuerza probatoria	No (no tiene presunción de veracidad)	Sí (presunción de veracidad la fecha, personas y contenido)
Inscripción registro propiedad	No (salvo excepciones)	Posible y recomendable (efectos frente a terceros)
Ejecutoriedad ante tribunales	No directamente ejecutable	Directamente ejecutable
Transmisión de la propiedad *(traditio ficta)*	No transmite la propiedad por sí mismo	Sí transmite la propiedad (entrega espiritualizada)

1.2. La propiedad civil al margen del registro de la propiedad: efectos del contrato de compraventa no inscrito

El contrato privado de compraventa inmobiliaria, sobre todo cuando va unido a la *traditio* o entrega del inmueble y, por tanto, a la transmisión del dominio, no tiene efectos frente a aquellos que los desconocen y, de buena fe, confían en el registro de la propiedad.

En este sentido, el propietario en documento privado es pleno propietario y podrá hacer valer su título incluso frente al titular registral (salvo que sea un tercero hipotecario del artículo 34 de la LH), si bien puede necesitar un largo procedimiento judicial para poder defender la validez de su título, al quedar fuera del sistema de fe pública previsto en nuestro derecho (tanto por la vertiente notarial, como por la registral).

A pesar de ello, **el propietario de un inmueble que no ha inscrito su derecho podrá acceder al registro de la propiedad mediante distintos cauces, que le permitirán inscribir su derecho de propiedad.**

Así, si el vendedor es titular registral inscrito será suficiente con la elevación a público del contrato privado de compraventa, a la que viene obligado de conformidad con el artículo 1280.1 del Código Civil.

Por su parte, en los casos en los que **el vendedor no es titular registral inscrito**, eso puede deberse a dos cuestiones distintas: que la **finca figure inscrita a nombre de otra persona o que la finca no se encuentra inmatriculada**.

- **En caso de que la finca se encuentre a nombre de persona distinta al vendedor en contrato privado**, será necesario la reanudación del tracto hasta el vendedor, bien mediante la presentación de los antetítulos necesarios que demuestren la concatenación desde el titular inscrito hasta el titular civil o bien iniciando un expediente de reanudación de tracto regulado en el artículo 208 de la Ley Hipotecaria.

- **En caso de que la finca no esté inmatriculada**, es decir, que no exista en el registro de la propiedad, la inscripción precisará necesariamente de la inmatriculación de la finca, que podrá conseguirse mediante un expediente de dominio (regulado en el artículo 203 de la LH), o mediante el doble título adquisitivo (regulado en el artículo 205 de la LH).

2.
LA RELEVANCIA DEL CONTRATO PRIVADO EN LA COMPRAVENTA

Como se ha visto, **el contrato privado de compraventa previo a la escritura pública tiene plenos efectos legales entre las partes**, si bien, conforme establece el artículo 1227 del Código Civil, no tendrá efectos respecto de terceros sino desde el día en que hubiese sido incorporado o inscrito en un registro público, desde la muerte de cualquiera de los que lo firmaron, o desde el día en que se entregase a un funcionario público por razón de su oficio. En el mismo sentido, para garantizar el momento exacto de la firma de un contrato, cabe hacer referencia a los sistemas de sellado de tiempo y firma con certificado que, aunque no están expresamente previstos en el CC, se utilizan con los mismos efectos que los referidos anteriormente.

Es decir, la *traditio* o modo es lo que determina la adquisición y, por tanto, el contrato privado será título suficiente si con él se hace la entrega del inmueble, aunque la compraventa no se haya formalizado en escritura pública. **Si tal transmisión no tiene lugar hasta dicha formalización, será la escritura pública el título adquisitivo.**

En este sentido, cabe tener en cuenta la **consulta vinculante de la DGT V3680-16**, de 5 de septiembre de 2016, en la que se remite a las normas del Código Civil a los efectos de determinar la fecha de transmisión de la propiedad de un bien. Pues bien, atendiendo al artículo 1462 del CC, el otorgamiento de la escritura pública supone la entrega del inmueble, siendo la fecha de transmisión del inmueble la de su formalización. A esta conclusión se llega partiendo de la opinión doctrinal y jurisprudencial de la que se infiere que para que el contrato privado suponga la transmisión del dominio debe ir acompañado de la entrega de la cosa, es decir, «(...) la suscripción de contrato privado de compraventa no comporta, por sí mismo, la adquisición de la cosa, para transferir el dominio será necesario, además, que se produzca la tradición o entrega de la cosa vendida, con independencia de las posibles obligaciones futuras o aplazadas».

En conclusión, **se considerará que la fecha de transmisión del inmueble es la fecha del contrato privado de compraventa en el caso de que a este se acompañe la entrega de aquel** acreditada por cualquiera de los medios de prueba admitidos en derecho, si bien en ausencia de prueba se tomará la fecha de la escritura pública.

2.1. Condiciones suspensivas en el contrato de compraventa

La doctrina define la condición suspensiva como aquella de la que depende que se produzcan los efectos del negocio, no produciéndose la plenitud de efectos jurídicos hasta que se cumpla la misma (artículo 1114 del CC).

Por tanto, en la condición suspensiva, mientras se produce, solo concurre una **expectativa de la producción de los efectos del negocio**, por lo que el acreedor solo puede ejercitar las acciones procedentes para la conservación de su derecho (art. 1121.1º del CC).

Es decir, las obligaciones condicionales son aquellas **cuya eficacia depende del acaecimiento de un evento futuro e incierto**, cuya esencia no reside en la futuridad del evento, sino en su incertidumbre, admitiéndose, según la interpretación conjunta de los artículos 1114, 1117 y 1118 del Código Civil, el establecimiento de un plazo más o menos extenso, incluso determinado, en que la condición deba o no realizarse.

La condición suspensiva puede ser positiva, cuando la eficacia del contrato se hace depender de la realización de un evento, o negativa, cuando la compraventa se supedita a que no se cumpla determinado hecho.

El artículo 1117 del Código Civil regula la condición suspensiva positiva, es decir, aquella que hace depender la eficacia del contrato de que efectivamente ocurra el evento incierto, regulando de forma expresa los efectos de esta *conditio deficit* para el caso de que la condición suspensiva no llegara a cumplirse (**sentencia del Tribunal Supremo n.º 398/2012, de 28 de junio, ECLI:ES:TS:2012:6212**).

El efecto de la condición suspensiva es hacer depender la eficacia de lo convenido del acaecimiento de un hecho futuro e incierto, dependiente de tercero, por ejemplo, el otorgamiento de una licencia, la inscripción o cancelación de un determinado asiento registral, etc.

Desde que se pacta esa condición hasta que se cumple, se genera una expectativa del derecho, de forma que, si no se cumple, el contrato no produce efectos.

La jurisprudencia ha venido entendiendo, en relación con las condiciones suspensivas que «[estas] durante la fase o periodo del pendet, aunque en realidad la obligación ya ha nacido no produce la plenitud de sus efectos, no obstante lo cual, es lo cierto, que el acreedor tiene ya las necesarias facultades para asegurar la tutela o garantía de sus derechos evitando, en la medida de lo posible, que en tanto la condición se cumple pueda verse perjudicado en sus intereses, consecuencia de lo cual es que cumplida la *conditio*, el contrato, negocio jurídico u obligación a ella sometido, no solamente adquieren éstos su plenitud, sino que además y por virtud de lo prevenido en el art. 1114 en relación con los arts. 1113.1 y 1120.1, inciso primero, del Código Civil, esos plenos efectos se retrotraen al momento de la celebración del contrato, negocio jurídico u obligación (sentencias de 23 de mayo de 1927, 21 junio 1932, 18 diciembre 1985 y 30 junio 1986». **(Sentencia del Tribunal Supremo rec. 949/1992, de 24 de junio de 1995, ECLI:ES:TS:1995:3703).**

CUESTIÓN

¿Es posible la existencia de condiciones presuntas?

No, la doctrina y la jurisprudencia vienen rechazando la existencia de las condiciones presuntas, pero sí admiten la posibilidad de que sean tácitas. En este sentido, la **sentencia del Tribunal Supremo n.º 126/2016, de 3 de marzo, ECLI:ES:TS:2016:978**, recoge que:

«Tanto la doctrina como la jurisprudencia rechazan la existencia de condiciones, en su sentido auténtico de los artículos 1113 y siguientes, que sean presuntas. Pero sí admiten las tácitas. Así, las antiguas sentencias de 5 diciembre 1953 y 31 marzo 1964. Y las de 20 junio 1996 y 21 abril 1987 declaran como doctrina que "aunque no resulta preciso que se mencione la palabra condición, ésta sólo cabe entender que se pactó cuando del contenido contractual se deduzca de forma totalmente clara y contundente, la intención de los contratantes de hacer depender el negocio concertado de un acontecimiento futuro e incierto"».

El contrato de compraventa sujeto a condición

La compraventa inmobiliaria sujeta a condición suspensiva **puede ser inscrita** en el registro de la propiedad durante la pendencia de la condición ya que, conforme establece el artículo 23 de la Ley Hipotecaria, el cumplimiento de las condiciones suspensivas de los contratos inscritos se hará constar en el registro, bien por medio de una nota marginal, si se consuma la adquisición del derecho, bien por una nueva inscripción a favor de quien corresponda, si la resolución o rescisión llega a verificarse.

2.2. Fijación de los términos de la compraventa

Con anterioridad hemos señalado que el contrato privado de compraventa es un título de adquisición plenamente válido. Por ello, es aconsejable que sea un documento completo que determine íntegramente las condiciones en las que se va a producir la compraventa.

Además de incluir los elementos esenciales (consentimiento, objeto y precio), podemos incluir todo un conjunto de regulaciones que faciliten el desarrollo de la operación, limitando los errores de interpretación de las partes.

De conformidad con lo previsto en el artículo 1468.1º del CC «El vendedor deberá entregar la cosa vendida en el estado en que se hallaba al perfeccionarse el contrato», por lo que, si la operación requiere de una serie de actuaciones sobre el inmueble para que este se encuentre en las condiciones acordadas, el contrato privado será el lugar idóneo para regularlas, de tal forma que, desde el perfeccionamiento hasta la consumación, únicamente haya que seguir los pasos ya escritos y acordados en el contrato. Así, **se podrán incluir en el contrato privado condiciones tales como**:

- **Pactos sobre la situación del objeto**, tales como obligaciones de cancelación de cargas, de regularización registral o de legalización urbanística de obras.

- **Pactos sobre el estado de entrega de la vivienda**, tales como obligaciones de mantenimiento, mejora o construcción, que son especialmente relevantes cuando hablamos de contratos de compraventa sobre plano. En estos casos, la definición correcta, debe incluir planos descriptivos, calidades de ejecución y de materiales, etc.

Otros pactos que pueden ser relevantes apuntan a:

- **Pactos sobre las obligaciones fiscales y tributarias**, como el acuerdo de reparto de los impuestos anuales conforme a la fecha de otorgamiento, si se van a practicar las retenciones legales (IRNR) o, por ejemplo, si se va a practicar la retención del IIVTNU.

- **Pactos sobre las obligaciones con terceros**, tales como trabajadores vinculados al inmueble, contratos de mantenimiento, seguros, o el reconocimiento de intermediación y honorarios de una agencia determinada en la operación.

- **Pactos sobre la documentación a obtener y facilitar**, cuestión de mucha importancia en la promoción de obra nueva, pero también en vivienda usada (copia de las licencias del inmueble, contratos con terceros, manuales de electrodomésticos...).

El modo en los contratos privados

La firma del **contrato privado de compraventa inmobiliaria no conlleva la adquisición del inmueble por sí mismo**; para transferirlo, será necesaria, como se ha dicho, la *traditio* o entrega del inmueble, que es el modo en la teoría del título y el modo.

Como ya hemos señalado, las operaciones inmobiliarias, con carácter general, se estructuran en dos fases, produciéndose en el momento de la firma del contrato privado el título y, en el momento del otorgamiento de la escritura pública de compraventa, el modo. A pesar de ello, no existe ninguna limitación a la posibilidad de que se produzca la entrega del bien con la firma del contrato privado, produciéndose la transmisión de la propiedad.

En estos casos, la entrega y el modo debe ser real, ya que, al no existir escritura pública, no puede aplicarse la *traditio simbólica*.

Y es que la tradición o entrega material del inmueble al comprador puede ser real o fingida en la que la entrega se sustituye por actos que producen sus efectos. En derecho romano, del cual el derecho español es heredero, se hablaba de entrega simbólica (se entregan, por ejemplo, las llaves de la casa), longa manu (se muestra el inmueble al adquirente para que pueda ocuparlo) o *brevi manu* (el adquirente tenía ya la posesión del inmueble, por ejemplo, porque ya era arrendatario) y los mismos sistemas de entrega han llegado hasta nuestros días, aunque lo definitivo es que exista una voluntad de las partes de transmitir y de adquirir la propiedad y la transmisión de la posesión jurídica del inmueble, que no tiene por qué ser material.

A pesar de lo anterior, debemos resaltar que, al no tener un título público ni poder acceder al registro de la propiedad, la compraventa consumada en documento privado no va a disfrutar de las garantías que aporta la fe pública ni la protección que el sistema inmobiliario registral del derecho español concede a las titularidades inscritas.

El vendedor deberá entregar la cosa vendida en el estado en que se hallaba al perfeccionarse el contrato, asumiendo las obligaciones recogidas por la ley sobre vicios o defectos que pudieran existir en la estructura de la vivienda o en la habitabilidad, respondiendo ante el comprador, entre otros, de los vicios o defectos ocultos que tuviere.

3.
TIPOS DE CONTRATOS PRIVADOS EN OPERACIONES INMOBILIARIAS

Las **operaciones inmobiliarias realizadas en dos fases se dan en todos los niveles**: desde plazas de garaje hasta edificios de oficinas y centros comerciales. Dichas operaciones inmobiliarias suelen articularse mediante un contrato privado en el cual se sientan las bases de la operación y, una vez desarrollados los acuerdos en él previsto, el otorgamiento de la correspondiente escritura de compraventa, como ya se ha desarrollado.

Si bien, la estrella de estos contratos privados es el mal llamado «contrato de arras», que se trata de un contrato privado de compraventa con un pacto específico denominado «pacto de arras penitenciales», que comparte protagonismo, en esa primera etapa de las operaciones inmobiliarias, con otros contratos tales como los llamados contratos de reserva, o las opciones de compra. Todos ellos sirven para estructurar, con igual finalidad, pero por distintos cauces jurídicos y con distintas consecuencias, la operación de compraventa.

Cabe hacer referencia en este tema y de forma resumida a los distintos contratos privados que pueden darse (los cuales se analizarán en otros puntos de forma más detallada), así, citamos a los:

- **Contratos de reserva del inmueble.**
- **Contratos de promesa de compraventa de inmueble/precontrato.**
- **Contratos de compraventa de inmueble.**
- **Contratos de opción de compra de inmueble.**

Cada uno de los anteriores —contratos— tienen un contenido jurídico propio e independiente. A pesar de ello, la práctica hace que, en la gran mayoría de las operaciones, los distintos efectos jurídicos de una y de otra figura apenas se aprecien, por cuanto los efectos de ambas quedan superados por la consumación de la operación mediante el otorgamiento de la escritura en un período generalmente corto de tiempo.

No obstante, la elección de utilización de una u otra figura debe hacerse de forma razonada y basada en el conocimiento jurídico: en caso de que la operación se tuerza y sea necesario proceder a una reclamación judicial, la elección de una figura u otra determinará los derechos y obligaciones de cada una de las partes, por lo que, la elección de una u otra figura no debe ser baladí.

3.1. Contrato de reserva en las operaciones inmobiliarias

En el mercado inmobiliario son muy frecuentes los pactos previos al contrato de compraventa que, al momento de aquellos, no se puede o no se quiere celebrar. Uno de ellos es la reserva de inmueble, contrato atípico muy común en la práctica.

El contrato de reserva es un contrato atípico, es decir, no se encuentra regulado en la normativa, más allá de la mera libertad de pactos entre las partes del artículo 1255 del CC. Esto hace que en la práctica se utilice erróneamente el nombre para muchos contratos que, en realidad, son contratos de compraventa con pacto de arras.

Su atipicidad y su cercanía con otras figuras como la promesa de comprar o vender, la opción, el precontrato o, en su caso, el propio contrato de compraventa hace muy **compleja su identificación**, si bien, en este sentido, será esencial tener presente la voluntad de los contratantes como así ha reiterado la jurisprudencia. Así, aunque muchas sentencias mantienen el carácter de trato preliminar diferente de la promesa de comprar o vender o del contrato de compraventa, no faltan los casos en que se estima que se está ante un precontrato que constituye la primera fase del contrato ulterior o aquellos en los que se habla de una opción de compra, todo ello con las diferentes consecuencias que puede conllevar su resolución unilateral. En cada caso concreto, con la finalidad de resolver esta divergencia, **se atenderá al texto de la reserva en cuestión y a la voluntad manifestada por las partes.**

Al objeto de concretar su **concepto** se puede citar la **sentencia de la Audiencia Provincial de Asturias n.º 7/2011, de 12 de enero, ECLI:ES:APO:2011:18,** cuando dice:

> «(...) el conocido como pacto de reserva se identifica entonces, por exclusión, en forma negativa respecto de esos otros, como aquél en que los contratantes acuerdan asignar con preferencia a uno de ellos un bien inmueble, mediando o no precio, sin comprometer la voluntad de su futura adquisición en firme, de forma que el conocimiento de los elementos esenciales del futuro posible contrato de venta no es determinante (...)».

En un auténtico contrato de reserva de inmueble, la contraprestación al pago es, únicamente, la **«paralización de la comercialización por un período determinado»**, sin más compromisos adicionales entre las partes sobre la compraventa del inmueble. Así, con un contrato de reserva, se paraliza la comercialización, por ejemplo, mientras se analizan varias alternativas.

Atendiendo a lo anterior y sin perjuicio de cuál sea la voluntad de las partes para la determinación del contrato de reserva, es necesario destacar como diferencia esencial entre este y las otras figuras anteriormente mencionadas el hecho de que en el contrato de reserva no concurre la firme voluntad de los contratantes de obligarse para el futuro a la venta y adquisición del inmueble, lo que sí sucede en la promesa de venta.

El uso del contrato de reserva se ha extendido en el tráfico inmobiliario como consecuencia de la intermediación inmobiliaria, configurándose en muchas ocasiones como un «compromiso del comprador», una forma de que el comprador se vincule con la inmobiliaria y demuestre su interés en la compraventa realizando un pago reducido en comparación con el precio del inmueble como requisito para que se le pase la oferta al vendedor. En contraprestación por ese compromiso, la agencia inmobiliaria cesa en la comercialización del inmueble por un período determinado, mientras espera la aprobación del vendedor a la oferta realizada por el potencial adquirente.

El problema puede surgir cuando este contrato se suscribe con alguien que no tiene la exclusiva de la comercialización, ya que el reservatario (comprador) se arriesga a que el propietario de la vivienda continúe con la comercialización a través de otros intermediarios.

Asimismo, debe tenerse en cuenta el contenido limitado del contrato de reserva: si la voluntad es de mera reserva, no debe regularse, bajo un supuesto «contrato de reserva» un auténtico contrato de compraventa que vincula al comprador y deja sujeto a la aceptación del vendedor la validez del documento. En estos casos (los más frecuentes en el tráfico inmobiliario de las agencias), estaremos más ante una oferta irrevocable de compra que ante un documento de reserva.

En una línea similar, el **contrato de reserva** se utiliza con frecuencia en las promociones inmobiliarias, para que el promotor pueda probar determinados niveles de comercialización a las entidades financieras que vayan a financiar el proyecto. En esta fase, generalmente, el promotor-vendedor no cuenta todavía con las licencias y, en caso de percibir cantidades a cuenta, las mismas no tienen obligación de ser garantizadas con avales o seguros de caución, aunque sí deberían ser depositadas en una cuenta indisponible.

A título de ejemplo para diferenciar el contrato de reserva, incardinado dentro de los tratos preliminares en el proceso de formación del contrato, y la compraventa propiamente dicha, se puede citar la **sentencia de la Audiencia Provincial de Málaga n.º 140/2007, de 12 de marzo, ECLI:ES:APMA:2007:641,** de la que se extrae:

> «(...) en la vida del contrato existen tres fases o momentos principales, que son la generación, la perfección y la consumación, comprendiendo la primera los tratos, negociaciones o conservaciones preliminares, y cuando la voluntad, consciente y libremente emitida, es aceptada por la persona a quien se dirige dicha declaración, se produce la perfección del contrato, el nacimiento de éste a la vida jurídica, (...).
>
> (...)
>
> (...) En efecto, numerosas sentencias del Tribunal Supremo (entre otras las de 20 Abr. 1993, 15 Nov. 1993, 26 Feb. 1994, 10 Jun. 1996 y 31 Dic. 1998) enmarcan los denominados tratos preliminares en lo que constituye un proceso formativo del contrato sin fuerza vinculante entre las partes, de forma que solo cuando confluyan o se aúnen las voluntades de aquellas sobre la cosa y la causa del mismo podrá exigirse de éstas el cumplimiento

de lo negociado. En el supuesto enjuiciado no consta que hubiera —como ya se dijo antes— concierto efectivo para vender la finca, sino conversaciones previas que no se acredita culminaran en un pacto de cumplimiento obligatorio para los interesados (...)».

3.2. Contrato de promesa de compraventa de inmueble

La promesa de comprar o vender como acto previo al contrato de compraventa se prevé en el **artículo 1451 del CC**, conforme al cual:

> «La promesa de vender o comprar, habiendo conformidad en la cosa y en el precio, dará derecho a los contratantes para reclamar recíprocamente el cumplimiento del contrato.
>
> Siempre que no pueda cumplirse la promesa de compra y venta, regirá para vendedor y comprador, según los casos, lo dispuesto acerca de las obligaciones y contratos en el presente libro».

Se puede traer a colación la **sentencia del Tribunal Supremo n.º 543/2008, de 17 de junio, ECLI:ES:TS:2008:3817**, que, citando muchas otras, distingue los conceptos de precontrato, promesa de compra y la opción de compra:

> «Mediante el **precontrato** las partes, por el momento, no quieren o no pueden celebrar el contrato definitivo y se comprometen a hacer efectiva su conclusión en tiempo futuro (STS 4 de julio de 1991). Fijan sus elementos, pero aplazan su perfección (STS de 3 de junio de 1994) y adquieren la obligación de establecer el contrato definitivo en virtud de la relación jurídica obligacional nacida del precontrato, por lo que pueden reclamar su cumplimiento de la otra parte (SSTS de 23 de diciembre de 1995; 11 de mayo de 1999). Se diferencia del **pactum de contrahendo [pacto de contratar]** en que no se requiere actividad posterior de las partes para desarrollar las bases contractuales contenidas en el convenio, sino que basta la aceptación para la perfección del contrato (STS 23 de diciembre de 1991; 17 de marzo de 1993; 16 de octubre de 1997; 15 de diciembre de 1997; 11 de abril de 2000; 30 de enero de 2008, rec. 4903/2000).
>
> En el precontrato unilateral sólo una parte viene obligada a poner en vigor el contrato y la otra tiene derecho a exigírselo, como ocurre en el contrato de opción de compra. En la **opción**, una parte atribuye a otra un derecho que permite a esta última decidir, dentro de un determinado período de tiempo y unilateralmente, la puesta en vigor del contrato. Por tanto, si se ejercita la opción de compra, aparece la compraventa; pero ésta no nace si, al no ejercitar la opción en el plazo previsto, queda caducada (SSTS 17 de marzo de 1993; 18 de junio de 1993; 24 de mayo de 1994; 30 de junio de 1994; 14 de febrero de 1997; 11 de abril de 2000; 14 de noviembre de 2000; 22-12-2005, rec. 1672/1999).

La distinción del precontrato de compraventa bilateral o promesa de vender o comprar, regulado el artículo 1451 CC, o el contrato de opción, de carácter unilateral, por una parte, y la compraventa, de otra, **debe deducirse de la voluntad de los contratantes en virtud de las reglas de interpretación de los contratos**».

En este sentido, en la compraventa las partes han llegado a un acuerdo en el inmueble y el precio, pero en el caso del precontrato o promesa de compraventa, **las partes no quieren o no pueden celebrar el contrato definitivo en ese momento** y se comprometen a hacer efectiva su conclusión en tiempo futuro, atendiendo para ello a lo que se infiera de la voluntad de los contratos.

La jurisprudencia ha distinguido entre la promesa bilateral de comprar o vender y la unilateral que se asimila a la opción de compra. En este sentido la **sentencia del Tribunal Supremo n.º 607/2009, de 22 de septiembre, ECLI:ES:TS:2009:5937**, señala:

«(...) la promesa bilateral de comprar y vender, que constituye un contrato preliminar o precontrato cuya finalidad es vincular a ambas partes respecto de la celebración definitiva de un contrato de compraventa, con plena conformidad en la cosa y en el precio, perfeccionándolo en un momento posterior, de modo que los contratantes pueden reclamarse recíprocamente que dicha perfección tenga lugar si ello resultara jurídicamente posible, pues la consumación de la promesa se produce cuando se perfecciona el contrato proyectado; habiendo señalado la doctrina que, aun tratándose de una promesa bilateral, ha de considerarse que existe una promesa de compra por una parte y de venta por otra, por lo que normalmente se ejercitará una u otra promesa u opción de compra o de venta. Pero también se comprenden en dicha norma la promesa unilateral de vender o de comprar, en cuya virtud es uno solo de los futuros contratantes el que, adelantando en firme su consentimiento para la celebración del contrato queda pendiente, en las condiciones pactadas, de que la otra parte decida sobre su definitiva perfección.

(...)

Se trata en tal caso de una opción de compra concedida por el vendedor al comprador que se halla sujeta a su ejercicio en un determinado plazo».

En cuanto al precontrato, la jurisprudencia utiliza esta denominación para realidades distintas.

El precontrato, según **doctrina jurisprudencial** recogida, entre otras, en la **sentencia del Tribunal Supremo, rec. 3503/90, de 25 de junio, ECLI:ES:TS:1993:4518**, «es ya en si mismo un auténtico contrato, que tiene por objeto celebrar otro en un futuro, conteniendo el proyecto o la ley de bases del siguiente; debiéndose, por esta especialidad, quedar atemperada su fuerza vinculante, o cumplimiento forzoso, a dos posiciones extremos: entender que no es posible obligar a la contraparte a la prestación del consentimiento, o a la emisión de una declaración de voluntad, en lo que consiste la obligación del futuro contrato, ya que esto es un acto estrictamente personal y no coercible, quedando viva únicamente la posibilidad de una indemnización por los daños y perjuicios causados; o bien entender, con la más reciente jurisprudencia de esta Sala, que **al consistir el objeto del precontrato en una obligación de hacer, una vez requerido el obligado para que cumpla su promesa, el juez puede tener por prestado el consentimiento y sustituirlo en el otorgamiento**; cumplimiento forzoso que solo se reemplazará por la correspondiente indemnización, cuando el contrato definitivo no sea posible otorgarlo».

En este caso, podríamos decir que la promesa de compraventa establece las obligaciones de las partes para obligarse a otorgar una compraventa que se perfeccionará y consumará en el momento del otorgamiento de la escritura de compraventa.

La distinción principal entre el contrato de compraventa y la promesa de compraventa es que mientras en el primero es posible exigir el cumplimiento directo de la obligación (la entrega de la cosa y el pago del precio), en el segundo únicamente es posible exigir la formalización del contrato, que luego deberá consumarse, en una acción distinta.

A los efectos de distinguir entre la promesa y la compra, cabe destacar la **sentencia de la Audiencia Provincial de Baleares n.º 332/2013, de 30 de julio, ECLI:ES:APIB:2013:1641**, que señala:

> «Resulta plenamente diferenciable la promesa bilateral de compra y venta de un contrato definitivo de compraventa, extremos que depende de la voluntad de los interesados y de los pactos a través de lo cuales hayan constituido sus recíprocas relaciones, si bien la jurisprudencia ha distinguido siempre entre la promesa bilateral de vender y comprar y el contrato de compraventa.
>
> La doctrina legal sobre dicho precepto llega a decir que en cuanto a los efectos de la promesa de compra y venta, recíprocamente aceptada, no pueden diferenciarse, en esencia, de los que produce la compraventa -S 26-6-73-. Sus efectos son los mismos que los del contrato perfecto, si consta que ésta fue la verdadera intención de los contratantes. La S. 22-3-85 señaló que sólo cabría rechazar la equiparación del compromiso mutuo de vender y comprar con el contrato de compraventa, si apareciese patente la voluntad de las partes de excluir los efectos de la venta (S. 6-6-2000).
>
> Dudas e incógnitas plantea la viabilidad y utilidad de la figura genérica del precontrato cuando se configura como promesa bilateral, pues realmente ninguna de las propuestas doctrinales o explicaciones jurisprudenciales llega a establecer de forma indiscutible cuáles puedan ser las razones de distinción entre el contrato preparatorio (precontrato) y contrato definitivo, sobre todo si se aceptan -como, en la actualidad, parecen requerir doctrina y jurisprudencia mayoritarias- las dos premisas siguientes:
>
> 1º Que todos los elementos y estipulaciones del contrato definitivo deben encontrarse presentes en el propio precontrato para que, en rigor, pueda hablarse de tal y no de tratos preliminares más o menos desarrollados y avanzados.
>
> 2º Que la puesta en ejecución del contrato definitivo no requiere la emisión de (nuevo) consentimiento por las partes, pues ya en el contrato preparatorio habían expresado el acuerdo contractual.

La manifestación del consentimiento, así como los elementos básicos del contrato definitivo e incluso la facultad de exigir el cumplimiento del contrato definitivo, se encontraban presentes ya en la promesa del contrato. La exigencia del cumplimiento efectivo, por su parte, constituiría una segunda fase del 'iter negocial', de la que dimanarían los derechos y obligaciones concretos del contrato definitivo, cuya vigencia habría quedado mientras tanto en suspenso por haberse reservado las partes la facultad de exigir el cumplimiento».

En ocasiones, la jurisprudencia entiende que el precontrato es un **contrato que ya ha sido concertado pero que no produce efectos aún**, por estar sometido a término o condición suspensiva, si bien en otras distinguen ambos supuestos, como la **sentencia del Tribunal Supremo n.° 611/2015, de 19 de noviembre, ECLI:ES:TS:2015:5069**, al decir que se distinguen los casos en que las partes contratantes manifiestan su consentimiento respecto de los elementos esenciales y acuerdan aplazar o someter a condición suspensiva el cumplimiento de la obligación de entregar la cosa o de la obligación de pagar el precio o de ambas a la vez, propio de una compraventa, de aquellos en que las partes declaran su voluntad de quedar ya ligadas contractualmente, pero difiriendo la entrada en vigor del contrato a un momento posterior, pudiendo atribuirse a ambas o a una sola de las partes la facultad de exigirlo así, que es propio de la promesa de compraventa.

3.3. Contrato de compraventa de inmueble

El Código Civil regula el contrato de compraventa en los artículos 1445 a 1537. Así lo define en el artículo 1445 del CC en los términos siguientes:

«Por el contrato de compra y venta uno de los contratantes se obliga a entregar una cosa determinada y el otro a pagar por ella un precio cierto, en dinero o signo que lo represente».

De este concepto se infieren como **elementos esenciales del contrato de compraventa la cosa y el precio**, así por lo que aquí interesa la cosa en el contrato de compraventa inmobiliaria ha de ser un bien inmueble.

Como ya se ha analizado en otros temas, la compraventa requiere la entrega de la cosa para su consumación, si bien en el caso de la compraventa de bienes inmuebles puede darse la entrega de estos en el momento de celebrar el contrato y transmitirse con ella el dominio, o bien, como es habitual en este tipo de contrato, que las partes hagan depender la transmisión de la propiedad de trámites como el otorgamiento de escritura pública o la inscripción. Es necesario traer a colación en este punto lo ya analizado respecto de la teoría del título y el modo.

Asimismo, la regulación de la entrega, concretamente el párrafo 2.° del artículo 1462 del CC, equipara el trámite de otorgamiento de escritura pública en el contrato de compraventa de bienes inmuebles con la entrega material propiamente dicha («poner en poder y posesión del comprador»), sería un tipo de *traditio* instrumental prevista de la siguiente manera:

> «Cuando se haga la venta mediante escritura pública, el otorgamiento de ésta equivaldrá a la entrega de la cosa objeto del contrato, si de la misma escritura no resultare o se dedujere claramente lo contrario».

El contrato de compraventa de inmuebles presenta, además, las siguientes notas características:

- Es un **contrato típico** en tanto se regula expresamente en el ordenamiento jurídico.
- **Consensual** que, a diferencia de los contratos reales, se perfecciona por el mero consentimiento, sin que sea necesaria la entrega de la cosa o el pago del precio, para su perfección, aunque sí para su consumación. Tampoco es necesaria su inscripción registral para su perfección.
- **Bilateral** y, por tanto, fuente de obligaciones para las partes compradora y vendedora.
- **No formal**, al no tener establecida una forma especial para su perfección, pudiendo otorgarse de forma privada o en escritura pública.
- **Oneroso y recíproco**, ya que impone prestaciones para las partes que quedan conectadas: el inmueble y el dinero.
- **Conmutativo**, porque tales prestaciones son equivalentes y previsibles al celebrar el contrato, no se dejan al azar.
- **De tracto único**, aun cuando se aplacen o fraccionen las prestaciones.

3.4. Contrato de opción de compra de inmueble

La opción de compra constituye un **negocio jurídico atípico o innominado, preparatorio del contrato de compraventa**, que no está expresamente regulado en el Código Civil, aunque sí **reconocido a los efectos registrales** en el artículo 14 del Reglamento Hipotecario, debiendo considerarse admitido con base en el artículo 1255 del Código Civil y en la doctrina legal que ha perfilado su concepto y caracteres. Así pues, se analiza este negocio siguiendo la jurisprudencia consolidada a lo largo de los años.

En la opción, una parte atribuye a otra un derecho que permite a esta última decidir, dentro de un determinado período de tiempo y unilateralmente, la puesta en vigor del contrato. Por tanto, si se ejercita la opción de compra, aparece la compraventa; pero esta no nace si, al no ejercitar la opción en el plazo previsto, queda caducada (**sentencia del Tribunal Supremo n.° 543/2008, de 17 de junio, ECLI:ES:TS:2008:3817**).

En este sentido reiterada jurisprudencia ha **definido** la opción de compra como un precontrato, en principio unilateral, en virtud del cual una parte concede a la otra la facultad exclusiva de decidir sobre la celebración o no del contrato principal de compraventa, que habrá de realizarse en un plazo cierto y en unas determinadas condiciones, pudiendo también ir acompañado del pago de una prima por parte del optante (**sentencia de la AP de Madrid n.º 71/2022, de 4 de febrero, ECLI:ES:APM:2022:1702, y la sentencia de la AP de Las Palmas n.º 442/2011, de 29 de septiembre, ECLI:ES:APGC:2011:2073, entre otras**).

¿Cuáles son las notas características de la opción de compra?

En cuanto a la **naturaleza y requisitos del contrato de opción de compra**, la doctrina jurisprudencial consolidada y mayoritaria reflejada en las sentencias citadas y en otras muchas, como la **sentencia del Tribunal Supremo n.º 706/1996, de 31 de julio, ECLI:ES:TS:1996:4739**, establece que:

- Es un **negocio unilateral** (salvo que se haya estipulado el pago por parte del optante de una prima por la concesión de la opción), que solo crea obligaciones para el optatario o concedente de la opción, de no disponer del bien ofrecido y mantener la oferta.

- Al **optante le corresponde el derecho de aceptarla o dejarla caducar** con plena libertad de decisión en el mismo plazo.

En modo alguno la opción de compra perderá su carácter unilateral, y así se prevé en la **sentencia del Tribunal Supremo n.º 735/2008, de 15 de julio, ECLI:ES:TS:2008:3811**, cuando dice:

> «(...) la opción de compra **se ejercita siempre de modo unilateral por el optante**, de modo que **si el contrato de concesión de la misma [como en el de autos] señala el otorgamiento dentro de un plazo de la escritura pública** como integrante del eficaz ejercicio de la misma, ello es indiferente o extraño a su naturaleza. El susodicho **otorgamiento es obra del vendedor y comprador, es, en suma, un negocio bilateral** que solemniza el contrato de compraventa ya perfeccionado por la única voluntad necesaria, que es la del optante. En modo alguno la opción pierde su naturaleza unilateral, necesitando para su eficaz ejercicio la cooperación del vendedor por su concurrencia al otorgamiento de la escritura pública. En suma, que el otorgamiento de la escritura pertenece a la fase de cumplimiento del contrato de compraventa, ya perfecto por el ejercicio de la opción. Dentro de esta fase, las normas aplicables son las de tal contrato».

Constituyen sus **elementos principales** (la sentencia del Tribunal Supremo n.º 727/2011, de 25 de octubre, ECLI:ES:TS:2011:7352, y la sentencia de la AP de Barcelona n.º 661/2018, de 29 de noviembre, ECLI:ES:APB:2018:11951):

- La **concesión al optante del derecho** de decidir unilateralmente y por su sola voluntad la realización de la compraventa.

- La **determinación del objeto contractual**, de manera que la compraventa futura queda plenamente configurada, y en particular el precio estipulado para la adquisición.

- La **concreción de un plazo para el ejercicio de la opción**. Si no se establece, la opción no existe. Y se trata de un plazo de caducidad (**sentencia del Tribunal Supremo n.º 81/2013, de 14 de febrero, ECLI:ES:TS:2013:500**).

En relación con lo anterior la **sentencia de la AP de Las Palmas n.º 442/2011, de 29 de septiembre, ECLI:ES:APGC:2011:2073**, establece literalmente:

> «(...) Así pues constituyen sus elementos principales: la concesión al optante del derecho a decidir unilateralmente respecto a la realización de la compra; la determinación del objeto; el señalamiento del precio estipulado para la futura adquisición; y la concreción de un plazo para el ejercicio de la misma; siendo por el contrario elemento accesorio el pago de una prima; en el contrato de opción de compra, la compraventa futura está plenamente configurada, y depende del optante únicamente el que se perfeccione o no (SS. 16-4-1979, 4-4-1987; 9-10-1987; 24-10-1990; 24 enero, 28 octubre y 23 diciembre 1991, etc.)».

Por lo que se refiere a la **prima**, la **sentencia de la AP de Barcelona n.º 256/2015, de 5 de junio, ECLI:ES:APB:2015:7241**, citando la **sentencia del Tribunal Supremo n.º 629/2001, de 22 de junio, ECLI:ES:TS:2001:5354**, señala:

> «(...)"...nada obsta a que la prima de la opción pueda operar como parte del precio de la compraventa una vez perfeccionada ésta por la consumación de la opción mediante el ejercicio del derecho por el optante en tiempo y forma, ni tampoco a que el optante tenga o reciba la posesión inmediata de la cosa con anterioridad al ejercicio de la opción. No obstante, **cuando se pacta una prima por la reserva de esta facultad que se concede al optante**, de manera que, celebrado el contrato principal puede imputarse al precio de la compraventa, y caducado el derecho de opción sin perfeccionarse la venta en el plazo previsto se pierde por el optante teniendo el concedente derecho a su percepción, **el contrato de opción adquiere la consideración de oneroso y bilateral**"».

Añade la **sentencia del Tribunal Supremo n.º 440/2000, de 28 de abril, ECLI:ES:TS:2000:3548**, como característica propia de la opción de compra, que el concedente o promitente se obligue a no vender a nadie la cosa prometida durante el plazo estipulado.

En el contrato de opción de compra, la compraventa futura está plenamente configurada y depende del optante únicamente que se perfeccione o no. Por ello, no necesita ninguna actividad posterior de las partes, bastando la expresión de voluntad del optante para que el contrato de compraventa quede firme, perfecto y en estado de ejecución, obligatorio para el concedente, lo que la diferencia del *pactum de contrahendo* (sentencia de la AP de Madrid n.º 305/2022, de 6 de octubre, ECLI:ES:APM:2022:13473).

La anteriormente mencionada **sentencia de la AP de Madrid n.º 71/2022, de 4 de febrero, ECLI:ES:APM:2022:1702** recoge, a los efectos del ejercicio válido del derecho de opción, en consonancia con la jurisprudencia del Tribunal Supremo, la exigencia de que el optante manifieste su decisión de celebrar el contrato principal, mediante una declaración de voluntad de carácter receptivo, notificando su voluntad positiva en tal sentido al concedente dentro del plazo pactado para hacer valer la opción. De forma que la ausencia de tal comunicación fehaciente dentro del plazo establecido al efecto extingue el derecho de opción.

La **sentencia del Tribunal Supremo n.º 186/2009, de 17 de marzo, ECLI:ES:TS:2009:1264**, atribuye a la opción de compra el carácter de derecho personal en tanto su «(...) inscripción en el registro de la propiedad le da trascendencia real en el sentido de que afecta a terceros, a efectos de que su ejercicio y la inscripción de la compraventa da lugar a la adquisición de la propiedad, derecho real pleno». En la misma línea, añade **la sentencia de la AP de Madrid, n.º 196/2014, de 27 de marzo, ECLI:ES:APM:2014:6036**, que «(...) Asimismo, la sentencia de 7 de mayo 2010 destaca que 'cuando se ejercita la opción -perfección- se celebra más tarde la compraventa -consumación- y es en este momento cuando se paga el precio y se transmite la cosa'».

Conforme establece el artículo 14 del Reglamento Hipotecario, es **inscribible en el registro de la propiedad** el contrato de opción de compra o el pacto o estipulación expresa que lo determine en algún otro contrato inscribible, siempre que reúna las siguientes circunstancias:

- Las necesarias para la inscripción.
- Exista un convenio expreso de las partes para que se inscriba.
- Se estipule un precio para adquirir la finca y, en su caso, el convenido para conceder la opción.
- Se establezca un plazo para el ejercicio de la opción, que no podrá exceder de cuatro años.

En el alquiler con opción de compra, la duración de la opción podrá alcanzar la totalidad del plazo de aquel, pero caducará necesariamente en caso de prórroga, tácita o legal, del contrato de arrendamiento.

Con la inscripción, el derecho de opción tiene eficacia *erga omnes*, si bien sujeta a las limitaciones que impone el tracto registral: si la opción es posterior a una hipoteca, la ejecución de esta extinguirá el derecho de opción.

En lo que se refiere al incumplimiento del contrato de opción, la **sentencia de la AP de Alicante n.º 134/2010, de 22 de abril, ECLI:ES:APA:2010:1400**, señala:

> «La Jurisprudencia (Sentencias de 9 febrero y 24 mayo 1985 [RJ 1985541 y RJ 19852621]) ha definido el contrato de opción como un **contrato preparatorio, consensual y casi siempre unilateral**, configurándolo la forma concreta de la opción de compra como un **convenio en el que es incuestionable la decidida voluntad de las partes de celebrar una auténtica compraventa**, cuyo incumplimiento no da lugar simplemente a la indemnización de daños y perjuicios, sino que faculta a la otra parte

para exigir el cumplimiento así de la promesa como del contrato definitivo, efecto que se produce mediante la manifestación de voluntad del optante y la vinculación de la oferta, ya irrevocable, por parte del cedente vendedor, sin necesidad de nuevo contrato. La característica del contrato de opción es la concesión al optante de la facultad, de modo exclusivo, de exigir o no la ejecución del vínculo asumido por el optatario, durante un determinado período de tiempo, para el ejercicio de un derecho, durante el cual dicho optatario se obliga a no transmitir a persona distinta el objeto pactado, y ejercitado tal derecho conduce a la ejecución posterior del contrato a que la opción viene contraída. La opción de compra no es un contrato perfecto que produzca la transmisión de la cosa comprada, sino un precontrato, que aceptado por las partes, produce el efecto de obligar a quien hizo la promesa a celebrar un auténtico contrato de compraventa. Es de carácter bilateral, cuando además de la promesa, va incluida una contraprestación dineraria; convirtiéndose este contrato preparatorio en uno verdadero cuando el comprador ejercita el derecho de opción, momento en que comenzará ya a producir el contrato de compraventa unos efectos propios».

4.
EL CONTRATO DE RESERVA EN LA COMPRAVENTA INMOBILIARIA

En la compraventa de inmuebles, sobre todo si se realizan a través de una agencia inmobiliaria, se ha generalizado la firma de un documento de reserva, que consiste en una paralización de la comercialización por un período determinado.

Se trata de un contrato atípico, como ya se ha mencionado, que no se encuentra regulado en la normativa y, por tanto, puede confundirse con otros contratos que en realidad son contratos de compraventa con pacto de arras, de los que se distingue porque el vendedor no ha hecho aun manifestación alguna.

Aunque es más propio de la compraventa de viviendas sobre plano, se ha generalizado también en el caso de viviendas ya construidas: en el primer caso, el promotor (futuro vendedor) se obliga ante el futuro comprador a reservarle un inmueble que está por construir, claramente identificado sobre plano, y a vendérselo, y ese último se obliga a comprarlo; en la compra de viviendas ya construidas, se suele concertar entre quien quiere adquirir y un agente o mediador inmobiliario y el vendedor ni siquiera se ha manifestado.

En el caso de los contratos de reserva suscritos con las agencias inmobiliarias, deberemos atender a las características específicas del mismo, ya que bajo el título de «Contrato de reserva» o «Prueba de compromiso», en muchas ocasiones se esconden contratos que vinculan al supuesto reservatario (comprador) mucho más de lo que podría esperar, constituyéndose en auténticas ofertas irrevocables de venta, y sin posibilidad de negociar posteriormente las condiciones adecuadas de contratación.

El auténtico contenido del contrato de reserva debería estar limitado, por parte del reservante (agencia) al cese de la comercialización durante un período determinado, con una compensación o sin ella, para que el reservatario (comprador) pueda proceder a la revisión del inmueble y decidir si desea realizar una oferta o no.

En caso de tratarse de un auténtico contrato de reserva no estamos ante una compraventa porque no se ha determinado el precio; tampoco es una compraventa de cosa futura porque no se han consignado el plazo y condiciones de la ejecución de la cosa; y tampoco es un precontrato como un proyecto de contrato que las partes se comprometen a concluir en tiempo futuro, conteniendo ya los elementos del contrato definitivo, pero cuya perfección las partes aplazan. Se trata de meros tratos preliminares a la contratación, aunque en todo caso dicha calificación dependerá del contenido efectivo del mismo (**sentencia de la AP de Valencia n.º 656/2008, de 31 de octubre, ECLI:ES:APV:2008:4822**).

CUESTIÓN

En el momento de firmar un contrato de reserva se entrega una cantidad de dinero como señal. ¿Cuál será la consideración de dicho importe?

A este supuesto se hace alusión en la **resolución del Tribunal Económico-Administrativo Foral de Gipuzkoa n.º 31530, de 10 de junio de 2014**, en la cual se contempla el caso de que en el momento de celebrarse un contrato de reserva de vivienda se haga entrega de una cantidad de dinero. Pues bien, lo determinante en este supuesto es que la cantidad entregada no responde a una «entrega a cuenta», sino que se le atribuye el carácter de señal que no compromete a las partes, es decir, «(...) se trataba de una expectativa de adquisición de vivienda, en definitiva, de un simple anticipo para la reserva de la vivienda que previsiblemente iba a ser construida». Constituye, por tanto, un negocio anterior, previo y preparatorio del definitivo a suscribir por las partes.

4.1. Contraprestación económica derivada el contrato de reserva inmobiliaria

La cantidad que se entrega en concepto de reserva queda al **arbitrio de las partes**, si bien, la jurisprudencia suele considerar que, si es muy elevada, realmente estamos ante un verdadero contrato de compraventa o de promesa de compraventa, según el caso.

El contrato de reserva supone la existencia de recíprocas contraprestaciones: se entrega un dinero para reservar un inmueble.

En general, el importe que se suele pagar en concepto de señal y reserva de un inmueble depende de su precio, pudiendo oscilar desde una cantidad «simbólica» y fácilmente disponible por el comprador, hasta un porcentaje del precio de compra, siempre notablemente inferior a los importes que suelen entregarse a la firma del contrato privado de compraventa (que rondan el 10 %), aunque dicho importe se puede reducir o incrementar en función de otros factores, como son el plazo previsto hasta la compraventa real y formal, la dificultad prevista de venta del inmueble o el interés del comprador en el inmueble.

CUESTIÓN

¿Qué sucede con la reserva en el caso de que se modifique unilateralmente el precio de adquisición de un inmueble sin conformidad del comprador?

Para responder a esta pregunta se puede traer a colación la **sentencia de la AP de Sevilla n.º 71/2010, de 4 de marzo, ECLI:ES:APSE:2010:516**. En ella se parte de la celebración de un contrato de reserva para la adquisición de un inmueble con unas condiciones determinadas y un precio fijado, el cual se vio incrementado. Con este incremento, la parte vendedora no solo no remite al comprador nuevo contrato con las nuevas condiciones, sino que tampoco le da opción a dejar sin efecto la reserva, pues pretendía aquella, en el caso de que la parte compradora no aceptase las nuevas condiciones, que perdiese la cantidad entregada en concepto de reserva. Ambas partes están conformes en cuanto al hecho de dejar sin efecto la reserva, si bien, el comprador pretende la devolución y la parte vendedora que se aplique dicha cantidad a los posibles daños y perjuicios causados.

Atendiendo a lo anterior, la cuestión ha de resolverse en favor de la parte compradora toda vez que, habiéndose cambiado las condiciones esenciales del contrato, no existe justificación alguna para que la parte vendedora se quede con la cantidad recibida en concepto de reserva debiendo devolverse a la parte compradora.

A TENER EN CUENTA. En apoyo de la devolución del importe entregado en concepto de reserva cuando se cambian las condiciones esenciales de la compraventa (incremento unilateral del precio inicial) cabe citar la **sentencia de la AP de Barcelona n.º 226/2010, de 26 de abril, ECLI:ES:APB:2010:5532**.

4.2. Consecuencias del incumplimiento del contrato de reserva inmobiliaria

Para analizar el incumplimiento del contrato de reserva se atenderá a la casuística planteada en los tribunales. Destacando como posibles consecuencias las que se hubiesen estipulado en cada caso concreto por las partes, la indemnización de los daños y perjuicios causados a la parte de que se trate, o bien la devolución de las cantidades que se hubieran entregado anticipadamente en el concepto que corresponda en cada caso.

¿Es posible desistir de la compraventa proyectada después de entregar una cantidad en concepto de reserva?

La finalidad de la reserva y la entrega de la cantidad en concepto de señal es, fundamentalmente, mantener la vivienda fuera del mercado. En este sentido, señala la **sentencia de la Audiencia Provincial de A Coruña n.º 76/2009, de 9 de octubre, ECLI:ES:APC:2009:3308**, y, en la misma línea, su **sentencia n.º 404/2008, de 14 de octubre, ECLI:ES:APC:2008:3417**:

«(...) el contrato de reserva de compraventa celebrado entre la demandada y el tercero debe ser considerado como un negocio jurídico preparatorio o preliminar de otro de compraventa, pero cuya finalidad no es otra que la de **mantener la oferta de venta, de manera que la vivienda objeto de mediación quede fuera del mercado inmobiliario y reservada a la mediataria durante el tiempo convenido**, evitando la agencia contactar con otro posible comprador, a fin de que aquella pudiera tomar la decisión de comprar y perfeccionar así el contrato de compraventa proyectado, siendo la celebración del referido pacto de reserva una consecuencia jurídica del ejercicio o cumplimiento de las funciones materiales de intermediación inmobiliaria que estaba obligada a realizar la agencia en virtud del contrato de corretaje que vincula a las partes litigantes entre sí. Como ya se ha dicho, la intervención de la agencia en el contrato de reserva responde al contenido de su obligación de desarrollar una actividad mediadora a favor de los oferentes y no es en absoluto demostrativa por sí sola de la existencia de una relación de mandato que le autorice a celebrar el contrato de compraventa en su nombre y representación.

(...)

(...) la simple entrega de una cantidad por el futuro comprador como "reserva" o señal a cuenta del precio, aún autorizada por los oferentes, no vincula a éstos ni supone la perfección de la compraventa, estando ante una fase meramente preliminar o preparatoria en la que las partes pueden desistir de la celebración de la compraventa proyectada (...)».

No celebración del contrato de compraventa por causa imputable al vendedor

A este supuesto se hace referencia en la **sentencia de la Audiencia Provincial de Sevilla n.º 46/2018, de 14 de febrero, ECLI:ES:APSE:2018:273**, de la que se infiere que, acreditada la existencia de un contrato de reserva de compraventa suscrito por las partes con la cláusula de que, si los compradores no consuman su adquisición en el plazo indicado por causas a ellos imputables, perderán aquellos las cantidades entregadas en concepto de reserva. En este caso concreto, queda acreditado el consentimiento expreso de los propietarios del inmueble al contrato de reserva de compraventa suscrito entro los compradores y la inmobiliaria y se concluye que la falta de celebración del contrato de compraventa por causas imputables solo a los vendedores supone que estos pierdan las cantidades que se hubiesen entregado.

Incumplimiento del plazo de la reserva

Para el caso de que se establezca la reserva de la compraventa entregando una cantidad en dicho concepto y con la finalidad de que la vivienda no se venda en un plazo determinado, las consecuencias del incumplimiento se reflejan en la **sentencia de la Audiencia Provincial de Valencia n.º 326/2013, de 28 de junio, ECLI:ES:APV:2013:4049**:

«(...) objetivamente se está ante un **contrato denominado de reserva**, que no es una variedad o especialidad de una compraventa perfeccionada, como jurisprudencialmente viene configurada la opción de compra (S.T.S. 9-2-85, 10-5-86), sino ante un **contrato atípico, bilateral, sinalagmático y oneroso, previo a la perfección de la compraventa** y a la consumación del corretaje, que tiene por objeto, mediante el **pago de una compensación económica**, que es el coste de la reserva, en este caso de 3.000, que el **propietario que desea vender una determinada vivienda, no la venda a un tercero durante un concreto plazo**, en este caso de 20 días laborales. Es decir, el contrato de reserva supone la existencia de reciprocas contraprestaciones que se configuran como un 'do tu des', o sea "te doy un dinero para que me reserves una vivienda", de modo que si el **vendedor incumple su compromiso y vende la vivienda** en cuestión en el plazo de reserva a un tercero, **estará sujeto a indemnizar daños y perjuicios al comprador, aparte de devolverle la cantidad entregada por reserva, y sí es el comprador el que incumple**, desistiendo de la reserva o no formalizando la compraventa o el previo contrato de arras, **perderá la cantidad de la reserva, como indemnización de daños y perjuicios causados al vendedor**, por no haber podido este enajenar su vivienda a posibles terceros compradores durante el plazo de la reserva».

Imposibilidad de cumplir las estipulaciones del contrato de reserva

La **sentencia de la Audiencia Provincial de Córdoba n.° 383/2019, de 13 de mayo, ECLI:ES:APCO:2019:218**, refleja esta situación. En ella se trata un caso en el que se ha celebrado un contrato de reserva de un inmueble cuyo objeto era la compraventa de este y de un trastero anejo al mismo, el cual se considera incumplido por no formalizarse la escritura pública de compraventa en el plazo estipulado. El contrato preveía, para el caso de incumplimiento, la devolución del duplo de la cantidad entregada por el reservista en concepto de reserva.

Pues bien, ante la imposibilidad de otorgar la escritura pública de compraventa imputable a la demandada por haber consignado en el contrato de reserva un elemento anejo que no podía ser objeto del contrato de compraventa se considera acreditado el incumplimiento del contrato de reserva con el efecto previsto en él que supone devolver el doble de la suma entregada.

Responsabilidad del agente inmobiliario que suscribe el contrato de reserva

Suscrito un contrato de reserva entre el comprador y un agente inmobiliario, mediador, este no tendrá virtualidad frente al vendedor, entre tanto no la acepte y haya acuerdo entre comprador y vendedor para perfeccionar el contrato de compraventa. Si no se llega a este acuerdo por falta de aceptación del vendedor no se le reconocerá responsabilidad al agente inmobiliario, el cual cumplirá con la devolución de las cantidades recibidas en concepto de reserva. A título de ejemplo, cabe citar la **sentencia de la Audiencia Provincial de Málaga n.° 140/2007, de 12 de marzo, ECLI:ES:APMA:2007:641**, conforme a la cual:

«(...) El intermediario es entonces un instrumento que se encarga de trasladar las respectivas declaraciones de voluntad a los destinatarios y si las mismas son concordes, es cuando la compraventa, en su caso, despliega todos sus efectos. En definitiva y como ocurre en el caso de autos, la función del Sr. Jesús Manuel como mediador consiste en que, existiendo una oferta de compra por el actor, ésta se traslada al vendedor, que puede o no aceptarla. Lo cierto es que la función del agente mediador es poner en relación a las partes, vendedor y comprador, pero de su labor no depende la perfección o consumación de la venta, que es algo posterior y contingente y solo atañe a los contratantes. Así pues, la oferta de compra realizada por el actor, a través del gestor inmobiliario, no tendrá virtualidad frente al vendedor, hasta en tanto éste no la acepte y haya un verdadero concierto de voluntades que permitan la perfección del contrato, y ninguna responsabilidad cabe imputar al gestor si esto no llega a tener lugar, pues su función sólo fue de intermediación, cumpliendo con devolver las cantidades recibidas en concepto de reserva, (...)».

5.
EL CONTRATO DE PROMESA DE COMPRAVENTA

Como ya se ha analizado, la **promesa o precontrato de compraventa de inmueble es un contrato preliminar o preparatorio**, regulado en el artículo 1451 del Código Civil, que establece:

> «La promesa de vender o comprar, habiendo conformidad en la cosa y en el precio, dará derecho a los contratantes para reclamar recíprocamente el cumplimiento del contrato.
> Siempre que no pueda cumplirse la promesa de compra y venta, regirá para vendedor y comprador, según los casos, lo dispuesto acerca de las obligaciones y contratos en el presente libro».

Como **notas características de la promesa** de compraventa cabe señalar (**sentencia del Tribunal Supremo n.º 543/2008, de 17 de junio, ECLI:ES:TS:2008:3817**):

- Supone el **compromiso de obligarse a celebrar el contrato definitivo** de compraventa debido a la imposibilidad o falta de voluntad de las partes de celebrarlo en ese momento. Así pues, asumen el compromiso de concluirlo en el futuro.

- La **promesa de compraventa** ha de fijar los elementos del contrato proyectado, como se infiere del citado artículo 1451 del CC cuando señala que habrá conformidad en la cosa y en el precio.

- Se **aplaza la perfección del contrato de compraventa adquiriendo** la obligación de establecer el contrato definitivo en virtud de la relación jurídica obligacional nacida del precontrato.

- Lo anterior **faculta a cada parte a reclamar** el cumplimiento a la otra.

Se trata, por tanto, de un auténtico contrato cuyo objeto es celebrar otro en un futuro, del cual contiene las bases.

Asimismo, no se pueden obviar las dudas doctrinales que plantean la promesa de contrato y el precontrato, la confusión de realidades que se engloban en ambos conceptos en la jurisprudencia y el esfuerzo de ambos, doctrina y jurisprudencia, por intentar describir y delimitar la figura, siendo el problema fundamental la dificultad para poder diferenciar la promesa de venta y la compraventa definitiva.

La promesa de venta no es título apto para la transmisión de la vivienda, a diferencia del contrato de compraventa. Además, no produce la transmisión de riesgos al futuro comprador. Por otro lado, la exigibilidad de la prestación derivada de la promesa tiene como plazo de duración el que acuerden las partes o el que establezcan los tribunales, en su caso, y el contrato de compraventa tiene como plazo de cumplimiento el de prescripción de las acciones personales, es decir, 5 años (art. 1964 CC).

¿Cuáles son los requisitos de la promesa de compraventa?

Para la eficacia de la promesa de compraventa se pueden referir los siguientes requisitos:

- **Debe formalizarse por escrito**, si bien no tiene requisitos concretos de forma quedando al arbitrio de las partes.
- Ser válida y legal.
- **Debe recoger todos los elementos y condiciones del contrato de compraventa proyectado**, so pena de ser considerado un pacto preliminar. Es recomendable que consten datos como el precio del inmueble y la forma de pago, el plazo de celebración del contrato de compraventa y entrega de la propiedad e indicar que la compraventa se firmará cuando esté aprobado el crédito al comprador, multas o sanciones por incumplimiento de la promesa de compraventa, una póliza de seguro que garantice el dinero que entrega el comprador en ese acto o el nombre de un árbitro para dirimir los posibles problemas.
- **Las partes firmantes deben mostrar su conformidad.**

Efectos de la promesa de comprar o vender

Permite a las partes exigir el cumplimiento del contrato, si bien hemos de diferenciar dos supuestos:

- **Cuando la promesa de compraventa no recoge los elementos y circunstancias del futuro contrato**, su incumplimiento solo origina una la indemnización de los daños y perjuicios.
- **Cuando la promesa determina perfectamente los elementos y circunstancias del contrato posterior** y contiene conformidad en la cosa y en el precio, cabe exigir su cumplimiento.

En todo caso, quien está facultado para reclamar el cumplimiento de la parte contraria es la parte cumplidora.

Los dos supuestos anteriores se han venido contemplando en la jurisprudencia. En este sentido y a título de ejemplo cabe destacar la **sentencia de la AP de Valencia n.º 127/2022, de 28 de marzo, ECLI:ES:APV:2022:1043**, la cual, citando la **sentencia del Tribunal Supremo n.º 521/2002, de 3 de junio, ECLI:ES:TS:2002:3986**, partiendo del artículo 1451 del CC reconoce el derecho a reclamar recíprocamente el cumplimiento del contrato, además, reitera que la esencia de la promesa de compra y venta radica en diferir para un momento posterior la perfección y entrada en vigor del contrato proyectado, quedando mientras tanto solamente ligadas las partes por el peculiar vínculo que produce el precontrato.

En esta línea, considera incuestionable la posibilidad de que la promesa de compraventa se presente en distintas formas, como ya se ha visto, así:

> «(...) unas veces las propias partes contratantes han **dejado para el futuro la propia obligación de celebrar el contrato definitivo, sino también la total y completa determinación de los elementos y circunstancias** del referido contrato en cuyo caso el incumplimiento no puede conducir más que a la exigencia —por el contratante dispuesto a cumplir su compromiso— de la **indemnización por los daños y perjuicios que dicho incumplimiento le haya podido acarrear**, mientras que en otros supuestos, las mismas partes, demuestran su **decidida voluntad —en todos los pormenores y detalles—** de celebrar un **auténtico contrato de compraventa, que de momento no pueden actuar** por impedirlo la concurrencia de determinados obstáculos como falta de autorizaciones o liberación de gravámenes, o simplemente porque en dicho instante no les conviene la celebración en firme y desean esperar cierto plazo, poniendo de manifiesto su voluntad de presente, sino exacta y total para cuando cesen aquellos obstáculos o venza el término establecido, momento a partir del cual es ncuestionable que si uno incumple lo prometido el otro estará facultado a **exigir el cumplimiento no de la promesa en sí, sino también del contrato definitivo al que aquella voluntad se determinó y para cuya realidad actual no existe ya obstáculo** anterior (...)».

5.1. Obligaciones de las partes en el contrato de promesa de compraventa

Obligaciones del vendedor en el contrato de promesa de compraventa

Si bien tratamos el contrato de promesa y el de compraventa de forma paralela, las obligaciones de las partes son distintas en esencia, por cuanto las figuras utilizadas son esencialmente diferentes.

A pesar de ello, la práctica hace que, en la gran mayoría de las operaciones, los distintos efectos jurídicos de una y de otra figura apenas se aprecien, por cuanto los efectos de ambas quedan superados, generalmente en un corto plazo de tiempo por el otorgamiento de la escritura de compraventa que consuma la operación.

No obstante, la elección de utilización de una u otra figura debe hacerse de forma razonada, y basada en el conocimiento jurídico, en caso de problemas la elección de una figura u otra determinará claramente los derechos y obligaciones de cada una de las partes, por lo que la elección de una u otra figura no debe ser baladí.

‖ Obligaciones del vendedor en un contrato de promesa

Partiendo de la consideración de la promesa de compraventa como el compromiso de las partes de celebrar en el futuro el contrato proyectado, el vendedor promitente se compromete y tiene la obligación principal de llevar a cabo el contrato de compraventa y vender el inmueble al comprador promitente en el plazo y al precio pactado, de forma que, si toma la decisión arbitraria de vendérsela a otra persona, este podrá solicitar ante los tribunales el cumplimiento forzado del contrato, exigir una indemnización o reclamar, en su caso, la garantía pactada.

‖ Obligaciones del vendedor en un contrato de compraventa

Las obligaciones del vendedor se establecen en el artículo 1461 del CC y se traducen en entregar la cosa vendida, en este caso el inmueble, y su saneamiento, respondiendo de la evicción y de los vicios o defectos ocultos cuando proceda. Unida a la obligación de entrega, también tiene el vendedor obligación de conservar la cosa debida entre tanto no se lleve a cabo la entrega efectiva o la transmisión mediante escritura pública.

La obligación principal del vendedor es transmitir la propiedad del inmueble, en los términos y condiciones que las partes acuerden, transmisión que, ya se ha explicado anteriormente, suele tener lugar con el otorgamiento de la escritura pública de compraventa, conforme al artículo 1462, párrafo segundo, del CC.

Si al momento de celebrarse la compraventa acordada el inmueble se hubiera perdido en su totalidad, el contrato quedará sin efecto, pero si se hubiera perdido parcialmente, el comprador podrá optar entre desistir del contrato o reclamar la parte existente, abonando su precio en proporción al total convenido (art. 1460 del CC).

En cuanto al saneamiento del inmueble, ello implica asumir las obligaciones recogidas por la ley sobre vicios o defectos que pudieran existir en la estructura de la vivienda o en la habitabilidad, conforme a lo establecido en el artículo 1461 CC y en el artículo 1474 del CC, por el cual el vendedor responderá al comprador:

- De la **posesión legal y pacífica** de la cosa vendida.
- De los **vicios o defectos ocultos** que tuviere.

Asimismo, salvo pacto en contrario, corresponde al vendedor el pago de los gastos e impuestos que procedan, tal es el caso de los gastos de otorgamiento de la escritura (art. 1455 del CC) y los necesarios para efectuar la entrega de la vivienda (art. 1465 del CC), así como el Impuesto sobre el Incremento del Valor de los Terrenos de Naturaleza Urbana, conocido **comúnmente** como «plusvalía».

Obligaciones del comprador en el contrato de promesa de compraventa

Las **obligaciones del comprador en el contrato de promesa** de comprar y vender se traducen en el compromiso de celebrar el contrato de compraventa proyectado, de manera que tiene la obligación de comprar el inmueble al vendedor promitente en el plazo previsto en la promesa y la de pagar el precio que se hubiese estipulado.

En el caso de la promesa de compraventa, a diferencia del contrato de compraventa, cuando falte el pago del precio no le será aplicable lo previsto en el artículo 1504 del CC cuando dice:

> «En la venta de bienes inmuebles, aun cuando se hubiera estipulado que por falta de pago del precio en el tiempo convenido tendrá lugar de pleno derecho la resolución del contrato, el comprador podrá pagar, aun después de expirado el término, ínterin no haya sido requerido judicialmente o por acta notarial. Hecho el requerimiento, el Juez no podrá concederle nuevo término».

Ya desde fechas lejanas la jurisprudencia se ha pronunciado en el sentido apuntado, así, se puede traer a colación la **sentencia del Tribunal Supremo n.º 649/2018, de 20 de noviembre, ECLI:ES:TS:2018:4028**, en la que se declara la inaplicabilidad del citado artículo 1504 del CC, previsto para la resolución del contrato de compraventa, a la promesa de compraventa aunque presente analogía con aquel, señalando:

> «La sentencia 607/2009, de 22 de septiembre, tras exponer la existencia entre las partes de un contrato de opción de compra, que jurisprudencialmente se asimila a promesa unilateral de vender, así como que tanto la promesa unilateral como la bilateral se comprenden en el art. 1451 CC, declara que el art. 1504 CC. **"resulta de aplicación a las compraventas de bienes inmuebles ya perfeccionadas, pero no a la promesa unilateral de venta o derecho de opción en que dicha perfección queda pendiente de la decisión del comprador expresada en un plazo determinado, por lo que no existe en tal caso compraventa ni obligación alguna de pago del precio pactado hasta que dicha perfección se produzca y**, en definitiva, no opera la previsión excepcional de dicha norma en el sentido de permitir al comprador pagar el precio —en las compraventas de bienes inmuebles— aún después de expirado el término fijado para ello mientras no haya sido requerido de resolución por el vendedor".
>
> La sentencia 620/2012, de 10 de octubre, niega en un contrato de opción de compra la aplicación del art. 1504 CC, ya que la compraventa no llegó a la fase de consumación».

CUESTIÓN

Por tanto ¿a qué normas se habrá de estar en caso de incumplimiento de la promesa de compraventa?

La mencionada **sentencia del Tribunal Supremo n.º 649/2018, de 20 de noviembre, ECLI:ES:TS:2018:4028**, determina, para el caso de incumplimiento de la promesa de comprar o vender y en consonancia con lo previsto en el artículo 1451 del CC, que habrá que atender a los principios generales de las obligaciones previstos en el Código Civil y fundamentalmente al artículo 1124 del CC.

Por lo que se refiere a las **obligaciones del comprador en el contrato de compraventa** cabe destacar las siguientes:

– **Pago del precio** en el plazo y lugar que se hubieran convenido, en defecto de acuerdo sobre este punto, se hará el pago en el lugar y tiempo en que se haga la entrega de la cosa, asimismo es posible el pago posterior al plazo fijado en tanto no le sea requerido judicialmente o por acta notarial como prevé el citado artículo 1504 del CC.

– **La recepción del inmueble adquirido** y del que deviene propietario.

– **Pago de los gastos e impuestos pactados** y los posteriores a la compraventa, salvo pacto en contrario. Cabe citar aquí los gastos de la primera copia de la escritura, inscripción en el registro de la propiedad, Impuesto de Transmisiones Patrimoniales o IVA, según se trata de viviendas de segunda mano o de nueva construcción, respectivamente.

5.2. El contrato de promesa de compraventa sobre inmuebles no adquiridos por el vendedor promitente

Se reconoce la posibilidad de que se celebre un contrato de promesa de compraventa sobre un inmueble que todavía no ha sido adquirido por el vendedor promitente, este supuesto puede darse con o sin conocimiento del comprador.

¿Qué sucede en el caso de que el comprador celebre promesa de compraventa sin saber que el vendedor no dispone del inmueble? En estos casos, puede hablarse de un posible delito de estafa en los términos del artículo 251 del Código Penal, conforme al cual:

«Será castigado con la pena de prisión de uno a cuatro años:

1.º Quien, **atribuyéndose falsamente** sobre una cosa mueble o inmueble **facultad de disposición de la que carece**, bien por no haberla tenido nunca, bien por haberla ya ejercitado, la enajenare, gravare o arrendare a otro, en perjuicio de éste o de tercero.

2.º El que **dispusiere** de una cosa mueble o inmueble ocultando la existencia de cualquier carga sobre la misma, o el que, **habiéndola enajenado como libre, la gravare o enajenare nuevamente antes de la definitiva transmisión al adquirente**, en perjuicio de éste, o de un tercero.

3.º El que otorgare en perjuicio de otro un contrato simulado».

En lo que se refiere a este supuesto, resulta relevante que el comprador promitente no conozca que el vendedor no dispone del inmueble, y también que medie por parte de este último engaño para lograr la celebración del negocio jurídico. En esta línea, la **sentencia del Tribunal Supremo n.º 91/2021, de 16 de diciembre, ECLI:ES:TS:2021:4910**, señala:

> «Añadiendo la jurisprudencia que si ciertamente el engaño es el nervio y alma de la infracción, elemento fundamental en el delito de estafa, la apariencia, la simulación de un inexistente propósito y voluntad de cumplimiento contractual en una convención bilateral y recíproca supone al **engaño bastante** para producir el error en el otro contratante. En el ilícito penal de la estafa, el sujeto activo sabe desde el momento de la concreción contractual que no querrá o no podrá cumplir la contraprestación que le incumbe -S. 1045/94 de 13.5-. Así la criminalización de los negocios civiles y mercantiles, se produce **cuando el propósito defraudatorio se produce antes o al momento de la celebración del contrato y es capaz de mover la voluntad de la otra parte**, a diferencia del dolo 'subsequens' del mero incumplimiento contractual (sentencias por todas de 16.8.91, 24.3.92, 5.3.93 y 16.7.96).
>
> (...)
>
> (...) ante un supuesto de **compraventa de cosa ajena**, contrato válido pero condicionado a que posteriormente el vendedor adquiera la propiedad de la cosa para entregarla al comprador. En efecto, esta figura jurídica de la venta de cosa ajena está admitida por la doctrina científica y la jurisprudencia de la Sala Civil del Tribunal Supremo, al entender que la compraventa es solo generadora de obligaciones y la propiedad no se transmite por el simple contrato, sino por éste unido a la tradición, pero tiene como límite la validez de esta venta, el conocimiento del comprador de tal circunstancia de no ser en ese momento el vendedor propietario de la cosa y que por ello no medie engaño por parte de este último, (...)».

Fuera de los casos anteriores, existen otros en los que el vendedor no puede llegar a adquirir el inmueble o perfeccionar la adquisición y registro por motivos ajenos a su voluntad, por estar esa adquisición inicial condicionada al cumplimiento de algún requisito, como puede ser la liquidación y partición de una herencia, la ejecución de un desahucio, un retracto o similares.

Tratándose de este incumplimiento de la promesa, el artículo 1451 del CC remite a las normas generales de las obligaciones y contratos previstas en el libro IV del CC, de las que deriva el derecho a reclamar una indemnización por el incumplimiento, en este caso, del vendedor promitente.

Si bien, habrá de estarse, en todo caso, a lo que se hubiese pactado y a las condiciones por las que se hubiere frustrado la adquisición previa y por consiguiente la efectividad de la promesa.

6.
CONTRAPRESTACIÓN ECONÓMICA EN LA COMPRAVENTA INMOBILIARIA: EL PACTO DE ARRAS

En el contrato de compraventa se entiende por **arras (o señal)** aquella «parte del precio que el comprador anticipa en un contrato de compraventa para exigir al vendedor el traslado de la cosa vendida». (Diccionario del Español Jurídico).

En este sentido, el **artículo 1454 del CC** dispone:

> «Si hubiesen mediado arras o señal en el contrato de compra y venta, podrá rescindirse el contrato allanándose el comprador a perderlas, o el vendedor a devolverlas duplicadas».

Por su parte, la **sentencia del Tribunal Supremo n.º 175/2012, de 21 de marzo, ECLI:ES:TS:2012:1694**, determina que «Las arras son una **garantía del cumplimiento de un contrato** (o de un precontrato); son un medio de protección del cumplimiento de obligaciones derivadas del mismo, normalmente es el de compraventa, pero puede ser añadido a cualquier otro contrato y precontrato».

Por lo tanto, las arras deben establecerse de manera **clara y evidente en la intención de los contratantes**, ya que, en otro caso, cualquier entrega de dinero se conceptuará como parte del precio y pago (**sentencia del Tribunal Supremo rec. 2152/1992, de 30 de diciembre de 1995, ECLI:ES:TS:1995:6789**).

¿Qué tipos de contratos de arras existen?

Como es imposible dar un concepto unitario de las arras, la doctrina distingue las siguientes modalidades (**sentencia del Tribunal Supremo n.º 583/2018, de 17 de octubre, ECLI:ES:TS:2018:3513**):

- **Confirmatorias**: dirigidas a reforzar la existencia del contrato, constituyendo una señal o prueba de su celebración, o bien representando un principio de ejecución.

– **Penales**: su finalidad es la de establecer una garantía de cumplimiento del contrato mediante su pérdida o devolución doblada en caso de incumplimiento.

– **Penitenciales**: son un medio lícito de desistir las partes del contrato mediante la pérdida o restitución doblada. Esta es la reconocida en el artículo 1454 del CC.

|| Arras confirmatorias

Las **arras confirmatorias** (que confirman la existencia y eficacia del contrato) son aquellas en las que **la entrega de dinero se efectúa como un pago anticipado o a cuenta de la obligación dineraria contraída por el comprador**, sirviendo como prueba de su voluntad de compra.

Constituyen una **señal de la perfección del contrato**, e incluso el comienzo de su ejecución. Normalmente se corresponden con las entregas o anticipos a cuenta del precio.

Con estas arras, la compraventa se entenderá como realizada y las partes no tendrán capacidad para resolver unilateralmente el contrato de forma que, si una de ellas incumple, la otra puede compelerle a su cumplimiento forzoso o solicitar la resolución del contrato con indemnización de los daños y perjuicios causados, que pueden superar la cuantía de las arras y el abono de los intereses, que sí se fijarán en función de la cantidad satisfecha como arras.

El **pacto de arras en el que no queda clara otra cosa**, sino la de que se quisieron arras, **deberá interpretarse entendiendo que las queridas fueron arras confirmatorias**.

|| Arras penales

Realmente son un **tipo de arras confirmatorias mixtas** que se entregan como garantía del cumplimiento del **contrato mediante su pérdida o devolución duplicada**. Es decir, si incumple quien entregó las arras, este las perderá, sin que ello le libere necesariamente de que la otra parte pueda reclamarle el cumplimiento forzoso de lo pactado y la indemnización por los daños y perjuicios sufridos.

Al igual que en aquellas, en caso de incumplimiento de las partes, el comprador perderá la cantidad entregada y el vendedor deberá devolver duplicadas las cantidades percibidas, pero a diferencia de las confirmatorias, no facultan a las partes para resolver el contrato unilateralmente.

Quien incumpla **solo podrá eximirse del cumplimiento si, previamente y de modo expreso, así se le ha facultado**, por lo que, en caso contrario, puede exigírsele el cumplimiento forzoso o la resolución con abono de daños y perjuicios e intereses, de forma análoga a las arras confirmatorias.

Es decir, en estos casos, **las arras se configuran como el importe de la pena que debe abonarse por el incumplimiento**, sin perjuicio de la posibilidad de instar judicialmente el cumplimiento forzoso o la resolución, en ambos casos, con la posibilidad adicional de exigir los daños y perjuicios que el incumplimiento de la contraparte haya ocasionado.

|| Arras penitenciales

Este tipo de pacto de arras también son muestra de la celebración de un contrato o promesa de contrato, pero **permiten lícitamente desistir del mismo**, perdiéndolas el que las entregó y devolviéndolas duplicadas el que las recibió, por lo que no se trata de un contrato firme.

Si bien son el tipo de **pacto de arras más habitual**, son en realidad una excepción a la obligación del cumplimiento de los contratos, puesto que suponen configurar expresamente la posibilidad de desistimiento del mismo abonando simplemente una cantidad.

Para que un contrato de compraventa con pacto de arras sea considerado como pacto de arras penitenciales, **estas deben configurarse expresamente como tales**, ya que suponen una excepción al criterio general por el cual el cumplimiento de las obligaciones no debe dejarse al arbitrio de una de las partes.

7.
EL CONTRATO DE OPCIÓN DE COMPRA EN LAS OPERACIONES INMOBILIARIAS

El contrato de opción de compra **es un contrato sin regulación específica en nuestra normativa**. Ha sido la jurisprudencia la que ha ico perfilando su definición como aquel contrato en virtud del cual una parte (concedente) concede a otra (optante) la facultad exclusiva de decidir la celebración o no de otro contrato principal de compraventa, que habrá de realizarse en **plazo cierto y en unas determinadas condiciones**, pudiendo ir también acompañado del pago de una prima por parte del optante.

Se trata de una compraventa conclusa que no necesita actividad posterior de las partes para desarrollar las bases acordadas: basta la expresión de voluntad del optante para que el contrato de compraventa quede firme, perfecto y en estado de ejecución obligatoria para el concedente, sin necesidad de más actuaciones.

Ahora bien, conforme a las reglas generales de la compraventa, la transmisión de la propiedad exige no solo el ejercicio de la opción sino también la *traditio* o entrega de la cosa, normalmente a través del otorgamiento de la escritura pública, de forma que, si la opción de compra se hubiera incluido en un contrato de arrendamiento, la posesión del arrendatario no será suficiente para entender consumada la venta y transmitida la propiedad. De forma que, si el bien es embargado posteriormente por sus acreedores, el titular de la opción tendrá vedada la interposición de una tercería de dominio.

CUESTIÓN

¿Será inscribible en el registro de la propiedad el contrato de opción de compra?

Sí y será eficaz y oponible a terceros, tal y como señala el artículo 14 del Reglamento Hipotecario, «Será inscribible el contrato de opción de compra o el pacto o estipulación expresa que lo determine en algún otro contrato inscribible», si bien, la opción de compra no será un derecho real. Además, tiene que reunir las siguientes circunstancias:

- Las **necesarias para la inscripción**.
- **Convenio expreso** de las partes para que se inscriba.

- **Precio** estipulado para la adquisición de la finca y, en su caso, el que se hubiere convenido para conceder la opción.

- **Pazo** para el ejercicio de la opción, que no podrá exceder de 4 años.

En este sentido, es interesante la **sentencia del Tribunal Supremo n.º 620/2012, de 10 de octubre, ECLI:ES:TS:2012:6723**, dispone:

> «(...) "es el más típico precontrato unilateral que permite al optante decidir, dentro del plazo previsto, la puesta en vigor del contrato de compraventa (sentencias de 11 de abril de 2000 y 5 de junio de 2003): es un derecho personal, cuya inscripción en el Registro de la Propiedad le da trascendencia real en el sentido de que afecta a terceros, a efectos de que su ejercicio y la consumación e inscripción de la compraventa da lugar a la adquisición de la propiedad, derecho real pleno"».

Se diferencia de la **promesa de venta** (en el que las partes difieran para un momento posterior la celebración del contrato de compraventa, que suele depender de que se cumplan o no determinadas circunstancias) en que esta es un contrato bilateral, con obligaciones recíprocas para las partes; **del retracto convencional** (pacto por el que el vendedor se reserva el derecho de recuperar la cosa vendida, con obligación de reembolsar al comprador de todos los gastos), en que el de opción no está subordinado a la voluntad del optante; y del **arrendamiento de bienes inmuebles** en que el de opción, que suele ir junto con el arrendamiento, supone una especie de plus que el arrendador concede al arrendatario, si bien ambos contratos producen efectos distintos.

¿Qué características tiene la opción de compra?

Las principales características del derecho de opción de compra son las siguientes:

- Es un **contrato atípico**, ya que no se encuentra regulado en la ley.

- Es un **contrato preparatorio**, ya que si se ejercita la opción de compra en el plazo estipulado se podría producir la compraventa.

- Contrato **consensual**, ya que se perfecciona mediante la autonomía de la voluntad de las partes.

- **Derecho unilateral del optante** a decidir la realización de la compraventa, opcional.

- Clara **determinación del objeto** de la compraventa, en nuestro caso el inmueble, que debe cumplir los requisitos de no estar fuera del comercio de los hombres, aunque sea futura, no ser imposible y sí determinado.

- **Señalamiento del precio** de la futura compraventa, que debe ser cierto y no dejarse al arbitrio de uno de los contratantes.

- Debe concretarse el **plazo** para el ejercicio de la opción, dentro del cual el optante deberá manifestar su decisión de llevar a cabo la compraventa y adquisición del inmueble. Es plazo de **caducidad**.

- Es un derecho **intrasmisible**, ya que el que concede la opción deberá indemnizar por daños y perjuicios en caso de que enajene la cosa objeto de la opción.
- Especificación del **pago de la prima**, cuando se pacte.

Si bien, los elementos principales del derecho de opción:

- La **concesión** del derecho al optante, y ese consentimiento del optante el decisivo para que el contrato quede perfeccionado **(sentencia del Tribunal Supremo n.º 48/2009, de 9 de febrero, ECLI:ES:TS:2009:174)**.
- Derecho a **decidir unilateralmente** respecto a la realización de la compraventa.
- La **determinación del objeto**.
- El señalamiento del **precio** estipulado para la futura adquisición.
- Concreción de un **plazo** para el ejercicio de la opción, siendo por el contrario accesorio el pago de la prima.

En cuanto al plazo, es interesante hacer mención a lo que dispone el **Tribunal Supremo en su sentencia rec. 3322/1991, de 14 de febrero de 1995, ECLI:ES:TS:1995:755**, en la que el Alto Tribunal desestima un recurso de casación de la parte demandada y señala que, como establece la jurisprudencia mayoritaria, en el contrato de opción de compra la compraventa futura está plenamente configurada y depende del optante que se perfeccione o no:

> «Debe rechazarse, consecuentemente, la propuesta interpretativa del recurrente, pues aunque ha de admitirse que la opción de compra es una figura "sui generis" con sustantividad doctrinal propia, (sentencia del Tribunal Supremo de 22 de diciembre de 1922), su concepto, de construcción jurisprudencial, está perfectamente delimitado ya que consiste en conceder al optante, la facultad exclusiva de prestar su consentimiento en el plazo contractualmente señalado a la oferta de venta, que por el primordial efecto de la opción es vinculante para el promitente, quien no puede retirarla durante el plazo aludido, y una vez ejercitada la opción, oportunamente, se extingue y queda consumado y se perfecciona automáticamente el contrato de compraventa, ya que basta para la perfección de la compraventa con el optante, que se le haya comunicado la voluntad de ejercitar su derecho de opción (sentencias, entre otras de 13 de noviembre y 22 de diciembre de 1992) (sentencia del Tribunal Supremo de 4 de febrero de 1994). Y también consta, con semejante claridad, que **el plazo pactado como de caducidad para el ejercicio o decadencia, en su caso del derecho a optar, no se confunde con el plazo para el ejercicio con la acción ante los tribunales, pues el optante hace uso de la opción cuando utiliza alguno de los medios legalmente hábiles y eficaces para que su declaración de voluntad**, dentro del plazo llegue al conocimiento del concedente u optatario (entre dichos medios se encuentra obviamente el requerimiento notarial, según resulta entre otras de la sentencia de 1 de diciembre de 1992) y, sin embargo, si ello no puede producirse porque éste obstaculiza o impide que dicha comunicación llegue a su poder ha de entenderse cumplido el expresado requisito (sentencia del Tribunal Supremo de 22 de diciembre de 1992)».

CUESTIONES

1. ¿Se puede interrumpir la caducidad del plazo para el ejercicio de la opción?

Para responder a la anterior cuestión cabe traer a colación lo dispuesto en la sentencia del Tribunal Supremo n.º 638/2008, de 2 de julio, ECLI:ES:TS:2008:4463, donde se mencionan otras muchas sentencias, donde se afirma que la caducidad no admite interrupción de ninguna clase en consonancia con la naturaleza de los derechos para cuyo ejercicio se establece que, siendo de carácter potestativo, nacen y se extinguen con el propio plazo de caducidad al contrario de lo que ocurre con la prescripción que únicamente afecta al ejercicio del derecho y no a su existencia.

Por lo que, como reza el tenor literal de la mencionada sentencia, «Como recuerda la sentencia de 16 octubre 1997, en el contrato de opción de compra la compraventa futura está plenamente configurada, y depende del optante únicamente que se perfeccione o no (SS. 16 abril 1979;4 abril y 9 octubre 1987; 24 octubre 1990; 24 enero, 28 octubre y 23 diciembre 1991 y 13 noviembre 1992) pues constituye un convenio en virtud del cual una parte concede a otra la facultad exclusiva de decidir la celebración o no de otro contrato principal de compraventa, que habrá de realizarse en un plazo cierto, y en unas determinadas condiciones (...)».

2. En caso de aplazar la firma de la compraventa, es decir, el otorgamiento de la escritura pública de compraventa, ¿se provocará la caducidad del derecho de opción?

No, es reiterada doctrina, que el plazo para el ejercicio de la opción de compra, si se ha pactado que el *dies a quo* sea la inscripción en el registro de la propiedad (o la notificación de esta inscripción), no queda alterado por razón de que esta se haya practicado al amparo de lo dispuesto en el artículo 205 de la LH. Y con más razón si no se ha pactado: el transcurso de este plazo no altera el cumplimiento del precontrato de opción (sentencia del Tribunal Supremo n.º 253/2010, de 23 de abril, ECLI:ES:TS:2010:2155).

¿Qué obligaciones tiene el concedente?

La obligación principal del concedente durante todo el tiempo en el que la opción permanece vigente es **no realizar acto alguno ni disponer del objeto** respecto del que recae el ejercicio de la opción.

De forma que, si incumple dicha obligación, deberá **indemnizar** al optante de los perjuicios que tal incumplimiento le cause, sin perjudicar por ello el derecho del tercer adquirente al que protege la fe pública del registro de la propiedad. Y es que los terceros tienen la misma obligación de no perjudicar el derecho de opción registrado durante la vigencia de este, siendo asimismo responsables de los perjuicios derivados de su incumplimiento.

Tal y como señala la **sentencia del Tribunal Supremo n.º 827/1999, de 14 de octubre, ECLI:ES:TS:1999:6365**, «(...) el tracto de la opción, es claro -como se dice en el último Motivo- que el concedente tenga la obligación de conservar el objeto del derecho correspondiente en la misma situación en que se previó al constituir el contrato (exigencia acorde hasta con el dogma de la continuidad de la base del negocio), esa obligación aquí, no ha sido vulnerada por su concedente, ya que, el supuesto cambio de destino de su naturaleza urbanística excede de su propia voluntad, pues, se le impone por las mismas disposiciones municipales, por lo cual, de esa alteración no es posible imponerle sanción alguna respectiva a su derecho; de consiguiente con el rechazo de los Motivos, debe confirmarse la Sentencia recurrida, desestimando el recurso con los demás efectos derivados».

¿Qué obligaciones tiene el optante?

Las obligaciones que incumben al optante son:

– **Ejercitar la opción en el plazo establecido**, manifestando su voluntad de forma unilateral al concedente, siendo suficiente e indispensable que este la conozca de forma fehaciente.

– **Abonar el precio estipulado de la opción** cuando se haya fijado.

CUESTIÓN

¿La falta de comunicación fehaciente del ejercicio de la opción dentro del plazo fijado extingue el derecho de opción?

Sí, en este sentido se pronuncia la **sentencia del Tribunal Supremo n.º 616/2011, de 6 de septiembre, ECLI:ES:TS:2011:5660**, «(...) no existió comunicación fehaciente del ejercicio de la opción dentro del plazo fijado para ello, por lo que tal derecho quedó extinguido» y la **sentencia del Tribunal Supremo n.º 47/2011, de 4 de febrero, ECLI:ES:TS:2011:544**, «(...) pudo haber muchos indicios, pero un requerimiento o una notificación fehaciente es algo muy sencillo de hacer y de acreditar y no la hubo. Por tanto, la Audiencia Provincial y esta Sala son contestes en la afirmación de que faltó el ejercicio de la opción».

7.1. Prima de la opción en el contrato de opción de compra (inmobiliaria)

En el contrato de opción se suele fijar una cantidad que el optante entrega al concedente, denominada prima de opción.

Es **opcional** y funciona como una señal que puede tener distintas aplicaciones:

– Como **forma de asegurar la operación**, disponiendo que pasará a ser de la parte vendedora si la opción llega a formalizarse, como parte de pago del precio pactado (lo más habitual).

– Como **módulo económico para el caso de que se establezcan penalizaciones por incumplimientos del contrato** de opción de compra.

– Como **puesta a disposición del precio pactado en su integridad** (menos habitual).

Como ejemplo podemos mencionar lo dispuesto en la **sentencia del Tribunal Supremo n.º 104/2020, de 19 de febrero, ECLI:ES:TS:2020:604**, «La referida prima es una **contraprestación al arrendador por bloquear la venta del bien, en beneficio del arrendatario, con el que se pacta un derecho**

preferente y esta contraprestación, en beneficio del arrendatario, se entrega por no promover el arrendador la venta en el mercado, garantizándose el arrendatario un plazo máximo de cinco años, al que puede renunciar pero sin que pueda eludir la pérdida de la prima, tal y como consta en el contrato, con claridad».

Al igual que ocurre con el contrato privado de compraventa con pacto de arras, dicho importe puede ser depositado ante un tercero, si bien en este caso carece de sentido por cuanto la prima, con independencia de poder considerarse parte del pago del precio, supone ya en sí misma el pago por la concesión del derecho de opción, de ahí que el tratamiento fiscal de la prima de opción de compra sea distinto del de las cantidades entregadas en concepto de arras.

7.2. Ejercicio de la opción en el contrato de opción de compra (inmobiliaria)

Normalmente se ejercita una opción de compra mediante una simple notificación dentro de un plazo predeterminado, aunque cabe mediante el ofrecimiento del precio y el otorgamiento de una escritura pública.

Lo fundamental es que el optante, titular del derecho de opción, siga escrupulosamente lo pactado para su ejercicio. Si se incumple, el concedente podrá alegar la caducidad del derecho de opción y hacer imposible que el optante adquiera el inmueble.

JURISPRUDENCIA

Sentencia del Tribunal Supremo n.° 712/2001, de 6 de julio, ECLI:ES:TS:2001:5844

Caracteres y requisitos de la opción de compra.

«La opción de compra, en doctrina uniforme de esta Sala, consiste en conceder al optante, aquí al recurrido, mediante cláusula inserta en el contrato de arrendamiento urbano, la facultad exclusiva de prestar su consentimiento en el plazo contractualmente señalado a la oferta de venta, que por el primordial efecto de la opción es vinculante para el promitente, quien no puede retirarla durante el plazo aludido, y una vez ejercitada la opción oportunamente se extingue y queda consumada y se perfecciona automáticamente el contrato de compraventa, sin que el optatario o concedente pueda hacer nada, en casos como el debatido, para frustrar su efectividad, pues basta para la perfección de la compraventa con el optante, como en el caso discutido se ha probado, que le haya comunicado la voluntad de ejercitar su derecho de opción. Dentro de los efectos de la opción, que se perfecciona una vez debidamente ejercitada el contrato de compraventa, este queda sometido a su propia regulación (artículos 1445 y ss. CC), en la que figura el art. 1450 del CC, que mantiene desde luego la perfección del contrato, aunque ni la cosa ni el precio se hayan entregado, como así lo corrobora en caso de opción la doctrina de esta Sala (SS, entre otras, de 3 Feb. 1992), al poner de relieve que si bien el contrato de opción puede funcionar como preliminar de la compraventa, una vez consumado por su ejercicio en tiempo y forma (y no otra es la hipótesis ahora contemplada), la enajenación ha de cumplirse en la forma pactada».

¿En qué momento ha de ejercitarse el derecho de opción?

El optante debe notificar y hacer llegar su voluntad al concedente dentro del plazo pactado para el ejercicio de la opción de compra. Es **plazo de caducidad**, de forma que, no se puede interrumpir y, transcurrido sin ejercitar el derecho de opción de compra, esta caduca.

Por lo que, para que el ejercicio de la opción de compra desencadene los efectos señalados, enervando su caducidad, **es preciso que se ejercite durante su vigencia**, dando el carácter esencialmente temporal del derecho de opción (**sentencia del Tribunal Supremo n.º 720/2021, de 25 de octubre, ECLI:ES:TS:2021:3870**).

Asimismo, el **plazo** será el acordado por las partes y, en su defecto, el que fijen los tribunales, o el período de arriendo en caso de que la opción de compra vaya ligada a un contrato de arrendamiento y no tenga fijado plazo; sin embargo, la fijación y concreción del plazo para el ejercicio de la opción es **esencial**.

JURISPRUDENCIA

Sentencia del Tribunal Supremo n.º 15/2019, de 15 de enero, ECLI:ES:TS:2019:51

La arrendataria optante no ejercitó en forma la opción de compra concedida por la arrendadora. Las partes pactaron que, si esta no respondía a la notificación fehaciente de la arrendataria comunicando su voluntad de ejercitar la opción, la compraventa se entendería consumada mediante el depósito del precio en un establecimiento bancario a nombre de la arrendadora. La no consignación del precio implica la falta de ejercicio del derecho de opción por incumplimiento de lo previsto contractualmente. La compraventa no se perfeccionaba únicamente con la comunicación de la voluntad de ejercicio de la opción. Es contrario a la buena fe que la arrendataria pretenda compensar el precio con una eventual indemnización de daños y perjuicios que reclamaba a la arrendadora, la cual fue denegada.

¿En qué forma ha de ejercitarse el derecho de opción?

La forma más habitual de ejercicio de la opción es la **notificación notarial**, a través de fedatario público, en el **domicilio fijado** a ese fin y dentro del **plazo estipulado**.

Ahora bien, el titular del derecho de opción puede utilizar **cualquier otro medio** de notificación, incluso tácito, pero **de forma siempre clara y suficiente para probarla**. Y cabe mediante conciliación, cuya presentación de la papeleta es válida si se presenta antes de que venza el plazo.

Corresponde al optante la carga de la prueba de que ha notificado la opción debidamente al concedente. Y, si este no conoce la aceptación debido a su falta de diligencia o por una actitud obstativa, la notificación se considera producida correctamente y, por tanto, la compraventa perfeccionada. Eso sí, el optante debe llevar a cabo una diligencia media.

El **requisito convenido con más frecuencia en el contrato de opción de compra** es el **ofrecimiento o pago del precio** de la compraventa en el momento del ejercicio de la opción, en todo o en parte, de forma que:

– Cuando las partes convengan la necesidad de pagar el precio de la compraventa en el momento de ejercicio de la opción de compra, si el optante no realiza el ofrecimiento o no lo consigna, se entenderá que la opción no se ejerció en forma, aunque se haya ejercido en tiempo.

– Si se ha estipulado la necesidad de ofrecimiento o consignación del precio en el contrato de opción, el optante ejercita en forma la opción cuando consigna judicialmente el precio o pone el precio a disposición del concedente, bien sea en acto de conciliación bien mediante consignación notarial.

– Si el optante precisa la colaboración del concedente para realizar el pago del precio y este no la presta, se entenderá bien ejercitada la opción de compra, aunque no se entregue el precio.

RESOLUCIÓN ADMINISTRATIVA

Resolución de 17 de enero de 2022, de la DGSJFP, en el recurso interpuesto contra la calificación de la registradora de la propiedad de Cartagena n.º 3, por la que se deniega la inscripción de una escritura de opción de compra, con pacto de arras y condición resolutoria del derecho de opción

«(...) en el concreto supuesto de este expediente es cierto que el concedente puede unilateralmente dejar sin efecto la opción de compra, si antes del día 26 de junio de 2022 otorga una escritura donde manifieste su voluntad de dejar sin efecto el derecho de opción, lo que, de tratarse de este trámite solo, abocaría a concluir que se trataría de una condición puramente potestativa. Pero no es esta la única actuación que debe realizar, ya que, además de lo demás pactado en los términos antes expuestos, debe ir acompañada de la devolución del doble de la cantidad señalada como arras, —que también ha hecho función de precio de la opción— y, además, las restantes cantidades percibidas en concepto de anticipo del precio de la compraventa, lo que hace que, como alega la recurrente, estemos ante un negocio complejo. Así pues, habiendo obligaciones recíprocas intrínsecas a la compraventa y no pudiendo ninguno de los contratantes desvincularse o desligarse del contrato por su sola voluntad sino cumpliendo determinadas exigencias —en un caso, las derivadas del ejercicio de la opción de compra y en el otro, el otorgamiento de la escritura y la devolución del doble de la cantidad entregada como prima— debe concluirse que la condición no es puramente potestativa».

7.3. Consecuencias por incumplimiento del contrato de opción de compra (inmobiliaria)

Las consecuencias del incumplimiento de un contrato de opción de compra variarán en caso de que el incumplimiento sea por parte del concedente o por parte del optante.

Por el concedente

Si el optante ejercita la opción y no es posible perfeccionar la compraventa por causa atribuible al concedente, aquel puede instar su cumplimiento forzoso, o la resolución del contrato de opción por incumplimiento con solicitud de la prima o de indemnización de daños y perjuicios.

Incluso si el motivo es, por ejemplo, la incomparecencia injustificada del concedente o de uno de los vendedores al otorgamiento de la escritura, tal y como explica la **sentencia del Tribunal Supremo n.º 744/2016, de 21 de diciembre, ECLI:ES:TS:2016:5660**, que reza como sigue:

> «Se ha acreditado que en el anterior procedimiento se dictó sentencia acordando el cumplimiento del contrato, que dio lugar a la ejecución 551/2011, en la que se dictó, en fase de apelación, auto por la AP de Jaén, Sección Primera, de 19 de noviembre de 2012, en la que se estableció que en ejecución de sentencia el optante no había incumplido sus obligaciones pues se personó para el otorgamiento de la escritura y si no se formalizó fue por la ausencia de uno de los concedentes (vendedores) (Dña. Rosa), al tiempo que dicha resolución judicial establecía que **no podía obligarse al optante (comprador) a integrarse en una comunidad de propietarios con el resto de los vendedores, pues lo adquirido era la totalidad de la finca y no parte de la misma, por lo que al no comparecer todos**, se acordó que no procedía la ejecución sustitutoria por el órgano judicial, pues la incomparecida no había sido parte en el procedimiento».

CUESTIÓN

Las rentas pagadas por los arrendatarios en un contrato de alquiler con opción de compra, ¿serán indemnizables en caso de incumplimiento por parte del concedente?

No, y para responder a esta cuestión podemos utilizar como ejemplo la sentencia de la **Audiencia Provincial de Girona n.º 455/2017, de 28 de diciembre, ECLI:ES:APGI:2017:1126**, que señala que, mientras no se ejercita la opción, el contrato realmente vigente es el de arrendamiento por lo que los arrendatarios pagaban una renta por ocupar una vivienda, es decir, disfrutaron de tales bienes durante un determinado período de tiempo. Por lo que, si los arrendatarios hubieran decidido voluntariamente no ejercitar la opción, es claro que no tendrían ningún derecho a recuperar las rentas pagadas así que, aunque ejercitaran la opción y la arrendadora se opusiera, ello no altera que los arrendatarios y optantes estuvieron disfrutando de la vivienda durante un determinado período de tiempo, por lo que claramente conceder una indemnización consistente en la devolución de todas las rentas abonadas supone un enriquecimiento injusto, pues habrían disfrutado de dichos bienes de forma gratuita. Como sigue la sentencia, es cierto que tales cantidades podrían haberlas descontado del precio de la compraventa, pero no dejaban de ser precio de la misma, por lo que, si finalmente hubiera ejercitado judicialmente la opción de compra, podían haber descontado las mismas, pero al no haberlo hecho lo que ha existido es una relación jurídica de arrendamiento y han pagado una renta por la utilización de unos bienes.

Por el optante una vez notificado el ejercicio de la opción

Ejercitada la opción en forma, se consolida el derecho, pero no se adquiere la propiedad de la cosa, salvo que se entregue la posesión, generalmente con el otorgamiento de la correspondiente escritura pública de compraventa. Es decir, no se produce la adquisición del dominio sobre el bien de forma automática, pues falta el pago del precio y la adquisición de la propiedad.

El optante acepta la concesión del derecho de opción, y se reserva para el futuro el consentimiento de la compraventa. Y, si la opción de compra es gratuita, no nace por su parte ninguna obligación. En la opción de compra, el optante no se vincula a la compraventa, sino que será al ejercitar la opción cuando recaiga su consentimiento a la perfección de la compraventa.

Por lo que no podrán pactar una opción de compra aquellas personas que por derecho tienen prohibida su adquisición por compraventa. Lo contrario incurriría en fraude de ley.

JURISPRUDENCIA

Sentencia del Tribunal Supremo n.º 55/2014, de 7 de febrero, ECLI:ES:TS:2014:551

La optante ejercitó su derecho de opción de compra sobre el inmueble arrendado durante la vigencia del contrato de arrendamiento y notificó mediante burofax a la arrendadora concedente su voluntad de ejercitarlo. Se condena a esta a otorgar la correspondiente escritura de compraventa. Aun siendo válido el requerimiento resolutorio realizado mediante la presentación de la demanda reconvencional, se desestima la acción de resolución ejercitada por la vendedora. La reconvenida no abonó el precio adeudado por incumplir la reconviniente su obligación de entrega al no estar los inmuebles libres de cargas y gravámenes. Aunque los préstamos hubiesen sido abonados, no habían sido canceladas las hipotecas. No puede obligarse a la compradora a pagar el precio de unas fincas que constan hipotecadas en el registro. La vendedora incumplió su obligación de levantar dicha carga hipotecaria.

¿Cuándo se extingue el contrato de opción de compra?

El contrato de opción de compra se extinguirá por las causas generales de extinción de los contratos y sobre todo teniendo en cuenta que este tipo de contrato siempre tendrá carácter temporal.

Asimismo, serán causas de extinción del contrato de opción de compra:

- **Caducidad**.
- **Pérdida** del inmueble objeto del contrato de opción.
- **Renuncia**.

8.
LAS PARTES Y SU CAPACIDAD EN LA COMPRAVENTA INMOBILIARIA

En el contrato de compraventa intervienen:

- **Comprador**.
- **Vendedor**.

El **artículo 1457 del Código Civil** establece que, «Podrán celebrar el contrato de compra y venta todas las personas a quienes este Código autoriza para obligarse (...)».

A TENER EN CUENTA. Cuando el artículo 1457 del CC se refiere a «todas las personas» habrá de entenderse que están comprendidas tanto las personas físicas como las jurídicas.

Por lo que el contrato de compraventa inmobiliaria requiere que **comprador y vendedor tengan capacidad para contratar y contraer obligaciones**, sin prohibición ni limitación alguna a su capacidad de disposición. Es decir, requiere, no solo la evidente capacidad jurídica, que viene determinada por el nacimiento, sino la capacidad de obrar de ambos contratantes.

Capacidad en el contrato de compraventa inmobiliaria

Doctrinalmente se entiende por **capacidad jurídica la aptitud para ser titulares de derechos y obligaciones**, y por **capacidad de obrar** la posibilidad que tiene cada persona de actuar conforme a su estado civil, lo que le permite constituir, modificar o extinguir relaciones jurídicas, la **aptitud para ejercitar los derechos de los que una persona es titular, para producir efectos jurídicos libremente mediante actos propios, conscientes y voluntarios, es decir, la aptitud de los sujetos de realizar acciones con efectos jurídicos**.

La capacidad jurídica se obtiene **desde el momento de su nacimiento** y la capacidad de obrar se obtiene, en general, **con la mayoría de edad**.

Hay colectivos de personas que **carecen de esa capacidad** para gobernarse por sí mismas y contratar, y requieren una especial protección, como son los menores de edad y personas con discapacidad con medidas de apoyo.

Y hacemos aquí también mención a los **ausentes**, es decir, aquellas personas que no están en su domicilio o residencia ni se tienen noticias de ellos durante cierto tiempo y existen dudas sobre si viven o no. La doctrina considera esta ausencia como causa de modificación de la capacidad de obrar o de incapacidad de hecho, que debe ser declarada y decretada judicialmente. Si la persona solo ha desaparecido, se le nombra un defensor para los actos o asuntos que no admiten demora y hasta que se nombre un representante que administre su patrimonio. Ahora bien, el representante no puede enajenarlos salvo en caso de necesidad reconocida y declarada por el letrado de la Administración de Justicia, quien autorizará la venta y el destino de los ingresos que se obtengan.

El mencionado **artículo 1457 del Código Civil** reconoce a toda persona capaz de obligarse, la capacidad para celebrar el contrato de compraventa, «salvo las modificaciones contenidas en los artículos siguientes», que se refieren a **prohibiciones para ser parte en el contrato**, concretamente:

a) Prohibiciones para comprar a determinadas personas por su cargo o posición (art. 1459 del CC):

- **Los que desempeñen el cargo de tutor o funciones de apoyo, los bienes de la persona o personas** a quienes representen. Asimismo, señala el apdo. 3 del artículo 226 del Código Civil que se prohíbe a quien desempeñe algún cargo tutelar, adquirir por título oneroso bienes del tutelado o transmitirle por su parte bienes por igual título.

- **Los mandatarios**, los bienes de cuya administración o enajenación estuviesen encargados.

- **Los albaceas**, los bienes confiados a su cargo.

- **Los empleados públicos**, los bienes del Estado, de los municipios, de los pueblos y de los establecimientos también públicos, de cuya administración estuvieren encargados.

- **Los magistrados, jueces, individuos del Ministerio Fiscal, letrados de la Administración de Justicia** y cualesquiera otros funcionarios de justicia, los bienes y derechos que estuviesen en litigio ante el tribunal, en cuya jurisdicción o territorio ejercieran sus respectivas funciones, extendiéndose esta prohibición al acto de adquirir por cesión. No obstante, se exceptuará de esta regla el caso en que se trate de acciones hereditarias entre coherederos, o de cesión en pago de créditos, o de garantía de los bienes que posean. Esta prohibición comprenderá, asimismo, a los abogados y procuradores respecto a los bienes y derechos que fueren objeto de un litigio en que intervengan por su profesión y oficio.

Por otro lado, debemos atender a casos particulares para comprar o vender, en los cuales una de las partes no posee la capacidad necesaria para llevar a cabo este tipo de contrato. Por ejemplo, el artículo 166 del Código Civil indica en su primer párrafo que **los progenitores no podrán renunciar a los derechos de que los hijos sean titulares ni enajenar o gravar sus bienes inmuebles, establecimientos mercantiles o industriales, objetos preciosos y**

valores mobiliarios, salvo el derecho de suscripción preferente de acciones, sino por causas justificadas de utilidad o necesidad y previa la autorización del juez del domicilio, con audiencia del Ministerio Fiscal.

b) **Prohibiciones al dueño** para disponer de los bienes:

– **Vivienda protegida**: prohibición de vender la vivienda durante un determinado período de tiempo, salvo autorización expresa.

– **Menor de edad sometido a patria potestad respecto de sus bienes inmuebles**, al igual que sus progenitores salvo en caso de necesidad, con autorización judicial y audiencia del Ministerio Fiscal (art. 166 del CC).

– **Menor emancipado respecto de sus bienes inmuebles**, salvo consentimiento de sus progenitores o defensor judicial (art. 247 del CC).

– **Persona sometida a curatela respecto de sus bienes inmuebles**, y el curador salvo con autorización judicial (art. 287 del CC).

c) Derivadas de una **resolución judicial o administrativa**.

d) Derivadas de **actos voluntarios del testador o donante o de última voluntad a sus herederos o donatarios, o de capitulaciones matrimoniales**.

La capacidad para disponer de bienes en casos especiales

Trataremos la capacidad para disponer de bienes en la compraventa inmobiliaria en los siguientes casos:

– Menores de edad y personas con discapacidad.

– Concursados.

– Vivienda habitual y bienes gananciales.

– Activos esenciales.

– Autorización militar.

|| Menores y personas con discapacidad

En principio, los **menores de edad** no pueden enajenar sus bienes inmuebles, al no tener capacidad de obrar. Así, dispone el **artículo 166 del Código Civil**:

«**Los padres no podrán** renunciar a los derechos de que los hijos sean titulares **ni enajenar o gravar sus bienes inmuebles**, establecimientos mercantiles o industriales, objetos preciosos y valores mobiliarios, salvo el derecho de suscripción preferente de acciones, **sino por causas justificadas de utilidad o necesidad y previa la autorización del Juez del domicilio, con audiencia del Ministerio Fiscal**.

Los padres deberán recabar autorización judicial para repudiar la herencia o legado deferidos al hijo. Si el Juez denegase la autorización, la herencia sólo podrá ser aceptada a beneficio de inventario.

No será necesaria autorización judicial si el menor hubiese cumplido dieciséis años y consintiere en documento público, ni para la enajenación de valores mobiliarios siempre que su importe se reinvierta en bienes o valores seguros».

Por lo tanto, **los actos realizados por el representante legal de los menores sin autorización judicial son ineficaces**. Si bien, el artículo 166 del CC no concreta el tipo de ineficacia de estos actos realizados sin la correspondiente autorización. La jurisprudencia señala que habrá que integrar el referido artículo con lo que dispone el primer párrafo del artículo 1259 del CC cuando señala «Ninguno puede contratar a nombre de otro sin estar por éste autorizado o sin que tenga por la ley su representación legal (...)».

Debido a lo dispuesto en el párrafo anterior, y según los argumentos de la **sentencia del Tribunal Supremo n.º 225/2010, de 22 de abril, ECLI:ES:TS:2010:2561**, podemos extraer las siguientes conclusiones:

- El artículo 166 del CC es una **norma imperativa**, que coincide con lo dispuesto en el artículo 1259 del CC y a salvo la ratificación, su incumplimiento llevará a la nulidad del acto.

- El fin de protección del artículo 166 del CC es la **salvaguarda del interés de los menores**, que no pueden actuar por sí mismos y que pueden encontrarse en situaciones de desprotección cuando alguien contrata en su nombre y obliga sus patrimonios sin el preceptivo control.

- La **actuación de los progenitores siempre debe tener como finalidad el interés del menor**. La representación legal no es un derecho de los progenitores, sino de los hijos, que les permite exigir que se actúe en beneficio de sus intereses.

En definitiva, **el acto realizado sin los requisitos exigidos en el artículo 166 del CC constituye un contrato o un negocio jurídico incompleto**, que mantiene una eficacia provisional, estando pendiente de la eficacia definitiva que se produzca la ratificación del afectado, que puede ser expresa o tácita. Por tanto, **no se trata de un supuesto de nulidad absoluta, que no podría ser objeto de convalidación, sino de un contrato que aún no ha logrado su carácter definitivo al faltarle la condición de la autorización judicial exigida legalmente**, que deberá ser suplida por la ratificación del propio interesado, de acuerdo con lo dispuesto en el art. 1259 del CC, de modo que, no siendo ratificado, **el acto será inexistente**.

Con respecto a las **personas con discapacidad**, la **curatela es la principal medida de apoyo de origen judicial** tal y como se extrae del preámbulo de la Ley 8/2021, de 2 de junio, por la que se reforma la legislación civil y procesal para el apoyo a las personas con discapacidad en el ejercicio de su capacidad jurídica.

La curatela tiene como finalidad la asistencia, apoyo y ayuda en el ejercicio de la capacidad jurídica pese a que, como excepción, podrán atribuirse al curador funciones representativas, por lo que, la curatela será, principalmente, de **naturaleza asistencial**.

El Código Civil **prevé para los curadores que ejerzan funciones de representación de la persona que precisa apoyo la necesidad de autorización judicial** para una serie de actos que vengan determinados en la resolución judicial y los contemplados en el artículo 287 del CC:

«El curador que ejerza funciones de representación de la persona que precisa el apoyo **necesita autorización judicial** para los actos que determine la resolución y, **en todo caso, para los siguientes:**

(...)

2.º **Enajenar o gravar bienes inmuebles**, establecimientos mercantiles o industriales, bienes o derechos de especial significado personal o familiar, bienes muebles de extraordinario valor, objetos preciosos y valores mobiliarios no cotizados en mercados oficiales de la persona con medidas de apoyo, dar inmuebles en arrendamiento por término inicial que exceda de seis años, o celebrar contratos o realizar actos que tengan carácter dispositivo y sean susceptibles de inscripción. Se exceptúa la venta del derecho de suscripción preferente de acciones. La enajenación de los bienes mencionados en este párrafo se realizará mediante venta directa salvo que el Tribunal considere que es necesaria la enajenación en subasta judicial para mejor y plena garantía de los derechos e intereses de su titular.

(...)».

De acuerdo con la jurisprudencia del Tribunal Supremo, en concreto, según lo previsto en la **sentencia n.º 2/2018, de 10 de enero, ECLI:ES:TS:2018:56, la finalidad de la exigencia de autorización judicial para los actos realizados por la persona que ejerza funciones de representación no era**, en la tradición jurídica del Código Civil, **ni lo es en la actualidad, la de complementar la capacidad de quien no la tiene plenamente reconocida por el ordenamiento. Se dirige a garantizar que los actos realizados por la persona que preste apoyo se realicen siempre en su interés.**

Por lo tanto, según la precitada sentencia, **con la autorización judicial se trata de que la autoridad judicial pueda ponderar la necesidad, la conveniencia o la oportunidad de celebrar actos de transparencia económica y de que los mismos se celebren en beneficio de la persona que precisa de medidas de apoyo**, atendiendo a las circunstancias personales, pero también a criterios objetivos.

A TENER EN CUENTA. La referida sentencia alude a la necesidad de autorización judicial del tutor, recogida antes de la reforma introducida por la Ley 8/2021, de 2 de junio, en el artículo 271 del CC.

|| Concursados

La compraventa inmobiliaria puede verse afectada y limitada por la situación de concurso de una de las partes, habitualmente, de la empresa promotora de viviendas.

Conforme establece el artículo 158 de la Real Decreto Legislativo 1/2020, de 5 mayo, por el que se aprueba el texto refundido de la Ley Concursal, la declaración de concurso **no afecta a la vigencia de los contratos** con obligaciones recíprocas pendientes de cumplimiento tanto a cargo del concursado como de la otra parte. Ambas partes deberán ejecutar las prestaciones comprometidas, siendo con cargo a la masa aquellas a que esté obligado el concursado.

Pero ¿qué ocurrirá en caso de incumplimiento del contrato de compraventa? De acuerdo con el artículo 163 del Real Decreto Legislativo 1/2020, de 5 de mayo, en caso de resolución del contrato quedarán extinguidas las obligaciones pendientes de vencimiento, si bien, habrá que distinguir entre dos circunstancias:

- El **incumplimiento del concursado hubiera sido anterior a la declaración del concurso**: el crédito que corresponda al acreedor que hubiera cumplido sus obligaciones y correspondiente a la indemnización de los daños y perjuicios causados por ese incumplimiento tendrán la consideración de crédito concursal, cualquiera que sea la fecha de resolución.

- El **incumplimiento del concursado fuera posterior a la declaración de concurso**: el crédito que corresponda al acreedor que hubiera cumplido sus obligaciones y el correspondiente a la indemnización de daños y perjuicios causados por el incumplimiento tendrán la consideración de crédito contra la masa.

En cuanto a la facultad de resolución del contrato también hay que distinguir dos momentos (arts. 160 y 161 del Real Decreto Legislativo 1/2020, de 5 de mayo):

- **Incumplimiento anterior a la declaración de concurso**: declarado el concurso solo podrá ejercitarse si el contrato fuera de tracto sucesivo.

- **Incumplimiento posterior de cualquiera de las partes.**

En cuanto a la **acción de resolución del contrato por incumplimiento** se ejercitará ante el juez del concurso y se sustanciará por los trámites del incidente concursal (art. 162 del Real Decreto Legislativo 1/2020, de 5 de mayo).

CUESTIÓN

¿Se podrán rehabilitar los contratos de compraventa de bienes inmuebles que hayan sido resueltos?

Sí, tal y como dispone el artículo 167.1 del Real Decreto Legislativo 1/2020, de 5 de mayo, «La administración concursal, por propia iniciativa o a instancia del concursado, podrá rehabilitar los contratos de adquisición de bienes muebles o inmuebles con contraprestación o precio aplazado cuya resolución se haya producido dentro de los tres meses precedentes a la **declaración** de concurso».

JURISPRUDENCIA

Sentencia del Tribunal Supremo n.º 315/2019, de 4 de junio, ECLI:ES:TS:2019:1980

«Una venta directa de bienes del concursado debe contar con la resolución judicial que lo autoriza, ya sea la expresa para esa venta ya sea la general de aprobación del plan de liquidación que lo comprende. El registrador puede controlar esta exigencia legal al calificar la escritura de venta directa. Pero el control afecta a la existencia de esa autorización judicial, no al cumplimiento de otros requisitos o condiciones que pudieran haberse previsto en el plan de liquidación y que presupongan una valoración jurídica que no le corresponde, como pudieran ser los términos y condiciones de la venta previstos en el plan.

De ahí que el registrador, (...), deba exigir su aportación junto con la escritura».

‖ Vivienda familiar y bienes gananciales

El matrimonio también puede limitar la capacidad de contratación y disposición de los bienes inmuebles.

De acuerdo con el artículo 1361 del CC, **los bienes existentes durante el matrimonio se presumen gananciales si no se acredita lo contrario**, es decir, mientras no se pruebe que son privativos de uno u otro cónyuge. Entre ellos, los inmuebles. Y no solo los de carácter ganancial, sino también aquellos de uno de los cónyuges cuando no pueda probarse su carácter privativo y los adquiridos por uno de ellos de forma privativa cuando acuerde atribuirles carácter ganancial.

Así pues, en aquellos casos en los que **los miembros de una pareja adquieran un bien de forma conjunta y previa al matrimonio, la propiedad de este pertenecerá a cada uno de los cónyuges de manera privativa en la proporción correspondiente a lo que cada uno de ellos haya contribuido para su adquisición.**

El carácter privativo no se perderá aun en aquellos casos en los que el bien adquirido de forma previa al matrimonio, haya sido comprado a plazos y dichos plazos hayan sido pagados en su totalidad o en parte con dinero ganancial una vez constituido el matrimonio, en cuyo caso, la sociedad tendría derecho de reembolso de las cantidades satisfechas vigente el matrimonio, y ello en virtud de lo dispuesto en el **artículo 1357 del Código Civil**. Sin embargo, caso distinto ocurre **para el supuesto de que el bien a tratar sea la vivienda o el ajuar familiar**, ya que el apartado 2.º del antedicho precepto, exceptúa de la regla antedicha los referidos bienes, respecto de los cuales se aplicará el artículo 1354 del Código Civil: «Los bienes adquiridos mediante precio o contraprestación, en parte ganancial y en parte privativo, corresponderán pro indiviso a la sociedad de gananciales y al cónyuge o cónyuges en proporción al valor de las aportaciones respectivas».

Por consiguiente, en aquellos casos en los que los miembros de una pareja adquieran un bien de forma conjunta y previa al matrimonio, la propiedad de este pertenecerá a cada uno de los cónyuges de manera privativa en la proporción correspondiente a lo que cada uno de ellos haya contribuido para su adquisición. Sin embargo, la respuesta respecto a la naturaleza de la vivienda familiar inscrita a nombre de los cónyuges por mitad y pro indiviso, por haberse adquirido conjuntamente en estado de solteros por precio aplazado, de forma que, una parte del precio se pagó cuando aún eran solteros con dinero privativo de ellos, y el resto durante el matrimonio con dinero ganancial, debe ser dada la aplicación del artículo 1354 del Código Civil en relación con la excepción prevista en el párrafo 2.º del artículo 1357 del mismo texto legal. Así, **dicha vivienda corresponde** *pro indiviso* **a la sociedad de gananciales y a los dos esposos en proporción al valor de las respectivas aportaciones.**

Esta es la respuesta dada por la Sala de lo Civil del Tribunal Supremo que, en su **sentencia n.º 465/2016, de 7 de julio, ECLI:ES:TS:2016:3146, señala:**

> «Este tema se sometió a enjuiciamiento de la Sala, que ofreció respuesta en sentencia de 31 de octubre 1989, pues el recurrente, sostenía que el inmueble pertenecía en su totalidad al marido ya antes de contraer matri-

monio, por aplicación de lo establecido en el artículo 1346 CC, negando la aplicabilidad de los artículos 1357.2 ° y 1354 CC al no tratarse de adquisición a plazos, pues el precio, aunque fuese acudiendo al préstamo hipotecario, se pagó al contado, como sucede en el supuesto del presente recurso, y, como también sucede en éste, se pagó después del matrimonio con dinero ganancial. El Tribunal de la sentencia citada, reiterada en la de 23 de marzo de 1992, sentó doctrina en el sentido de que, a efectos y aplicación de lo dispuesto en los artículos 1357 y 1354 CC, son plenamente equiparables las amortizaciones de la hipoteca solicitada para el pago del precio y los pagos de una compraventa a plazos. Así se infiere de la sentencia de 18 diciembre 2000 que hace mención al pago de "algunos de los plazos del crédito hipotecario"».

Para definir la vivienda familiar podemos acudir a la **sentencia de la Audiencia Provincial de Valencia n.° 543/2019, de 11 de septiembre, ECLI:ES:APV:2019:3617**:

> «La vivienda familiar **es la que constituye el cobijo y alojamiento habitual del grupo familiar, con exclusión de las viviendas de mero recreo o de aquellas cuyo uso se limitaba a determinadas temporadas** (fines de semana, vacaciones, etc.), esto es con exclusión de las denominadas segundas residencias. Ello significa que es difícil hablar de varias viviendas familiares, pues la vivienda familiar solo será una, aquélla que constituya el centro neurálgico de la familia, como entienden las sentencias de la A.P. de Barcelona de 22 de marzo de 1999 y de 23 de julio de 2008. En consecuencia, **vivienda familiar solo es una, es decir, aquella donde de manera permanente y estable y como centro de convivencia** íntima, **han venido habitando los esposos e hijos hasta el momento de producirse la crisis del matrimonio.**
>
> Puede que a lo largo de un matrimonio diversas viviendas hayan constituido el domicilio familiar, pero a la hora de liquidarse el régimen económico matrimonial solo a una de ellas, a la que constituye el domicilio familiar, cabe aplicar la regla contenida en el art. 1357.2 que remite al 1354 del CC (...)».

En cuanto a la disposición de la vivienda habitual, señala el **artículo 1320 del Código Civil**:

> «Para disponer de los derechos sobre la vivienda habitual y los muebles de uso ordinario de la familia, aunque tales derechos pertenezcan a uno solo de los cónyuges, se requerirá el consentimiento de ambos o, en su caso, autorización judicial.
>
> La manifestación errónea o falsa del disponente sobre el carácter de la vivienda no perjudicará al adquirente de buena fe».

En cuanto a la enajenación de la vivienda habitual es muy interesante la lectura de la **sentencia del Tribunal Supremo n.° 584/2010, de 8 de octubre, ECLI:ES:TS:2010:5062**, que reza como sigue:

> «La jurisprudencia ha interpretado el art. 1320 CC como una norma de protección de la vivienda familiar (SSTS de 3 enero 1990 y 31 diciembre

1994). La doctrina, a su vez, considera que con dicho artículo se pretende conseguir la protección de la vivienda, y por ello se protege a uno de los cónyuges contra las iniciativas unilaterales del otro; alguna parte de la doctrina señala que en el fondo de la norma se encuentra el principio de igualdad, que se proyecta en un doble sentido: en el consenso para la elección de la vivienda y en el control de ambos cónyuges para su conservación. El consentimiento se exige para aquellos casos en que el acto de disposición implica la eliminación directa del bien del patrimonio de su propietario, así como aquellos negocios jurídicos, como la hipoteca, que llevan consigo posibilidades de que el bien en cuestión desaparezca de dicho patrimonio, por la ejecución en caso de impago de la deuda garantizada con el derecho real.

El consentimiento constituye una medida de control, que se presenta como "declaración de voluntad de conformidad con el negocio jurídico ajeno —es decir, concluido por otro— por la que un cónyuge tolera o concede su aprobación a un acto en el que no es parte", siendo requisito de validez del acto de disposición, ya que su ausencia determina la anulabilidad del negocio jurídico en cuestión».

‖ Activos esenciales

Los activos esenciales constituyen una de las limitaciones al contrato de compraventa. Se entiende por **activos esenciales** aquellos que forman parte de una sociedad (promotora en este caso), sin los que no puede desarrollar su actividad u objeto social.

La Ley de Sociedades de Capital establece la **presunción** del carácter esencial de todo activo u operación sobre él cuyo importe supere el 25 % del valor de los activos de la sociedad del último balance. Y será competencia de la **junta general** de la sociedad, decidir sobre ellos y sobre tales operaciones.

Ahora bien, cabe la posibilidad de que un activo cuya transmisión supere ese 25 % no sea esencial y, al revés, que no superando ese porcentaje sí lo sea por alterar el normal desarrollo de la actividad de la sociedad.

Por su parte, el notario que autorice la escritura de compraventa deberá exigir una certificación de la junta general de la sociedad sobre el hecho de que el importe de la operación no supera el porcentaje del 25 % y, en otro caso, informar sobre el carácter no esencial del activo. Aspecto que también deberá comprobar el registrador de la propiedad al calificarla.

En todo caso, la sociedad quedará obligada frente a terceros que hayan obrado de buena fe y sin culpa grave, aun cuando el acto no esté incluido en el objeto social.

RESOLUCIÓN ADMINISTRATIVA

Resolución DGRN (actual DGSJFP) de 31 de mayo de 2018

«Aun cuando no se puede afirmar que constituyan actos de gestión propia de los administradores la adquisición, enajenación o la aportación a otra sociedad de activos esenciales, debe tenerse en cuenta que el carácter esencial de tales activos escapa de la apreciación del notario o del registrador, salvo casos notorios.

(...)

Aun reconociendo que, según la doctrina del Tribunal Supremo transmitir los activos esenciales excede de las competencias de los administradores, debe entenderse que con la exigencia de esa certificación del órgano de administración competente o manifestación del representante de la sociedad sobre el carácter no esencial del activo, o prevenciones análogas, según las circunstancias que concurran en el caso concreto, cumplirá el notario con su deber de diligencia en el control sobre la adecuación del negocio a legalidad que tiene encomendado; pero sin que tal manifestación pueda considerarse como requisito imprescindible para practicar la inscripción, en atención a que el tercer adquirente de buena fe y sin culpa grave debe quedar protegido también en estos casos (...); todo ello sin perjuicio de la legitimación de la sociedad para exigir al administrador o apoderado la responsabilidad procedente si su actuación hubiese obviado el carácter esencial de los activos de que se trate».

|| Autorización militar

Conforme establece el artículo 2 de la Ley Orgánica 5/2005, de 17 de noviembre, de la Defensa Nacional, «La política de defensa tiene por finalidad la protección del conjunto de la sociedad española, de su Constitución, de los valores superiores, principios e instituciones que en ésta se consagran, del Estado social y democrático de derecho, del pleno ejercicio de los derechos y libertades, y de la garantía, independencia e integridad territorial de España. Asimismo, tiene por objetivo contribuir a la preservación de la paz y seguridad internacionales, en el marco de los compromisos contraídos por el Reino de España».

El Real Decreto 689/1978, de 10 de febrero, para salvaguardar los intereses de la defensa nacional y la seguridad y eficacia de sus organizaciones e instalaciones, limita los derechos sobre bienes situados en determinadas zonas del territorio nacional. Así se distinguen las siguientes zonas:

De interés para la defensa nacional:

- Son las extensiones de terreno, mar o espacio aéreo que así se declaren en atención a que constituyan o puedan constituir una base permanente o un apoyo eficaz de las acciones ofensivas o defensivas necesarias para tal fin.

- La declaración de zonas de interés para la defensa nacional se realizará por decreto aprobado en Consejo de ministros a propuesta de la Junta de Defensa Nacional e iniciativa del departamento ministerial interesado, que determinará la zona afectada y fijará las prohibiciones, limitaciones y condiciones referentes a la utilización de la propiedad inmueble y del espacio marítimo y aéreo que comprenda, respetando los intereses públicos y privados, siempre que sean compatibles con los de la defensa nacional.

- Los perjuicios que se originen a los particulares como consecuencia de tales servidumbres o limitaciones serán indemnizables conforme a lo previsto en la Ley de Expropiación Forzosa y de la de Régimen Jurídico de la Administración del Estado.

De seguridad de las instalaciones militares o de las instalaciones civiles declaradas de interés militar:

– Son las zonas situadas alrededor de esas instalaciones, que quedan sometidas a limitaciones a fin de asegurar la actuación eficaz de los medios de que disponga, así como el aislamiento conveniente para garantizar su seguridad y, en su caso, la de las propiedades próximas, cuando aquellas entrañen peligrosidad para ellas.

– Están dotadas de zonas de seguridad, en las cuales se puede establecer la distinción entre «zona próxima» (anchura de 300 m, salvo en los puertos) y «zona lejana» (la mínima indispensable), en atención a sus fines, limitaciones y características.

– El Ministerio del que dependan las respectivas instalaciones comunicará a los ayuntamientos en que radiquen la existencia y perímetro de las zonas de seguridad, así como las limitaciones inherentes a las mismas, para su traslado a los propietarios afectados.

– Reglamentariamente se establecerá la tramitación que deban seguir los proyectos de obras, trabajos o construcciones para cuya realización en las zonas de seguridad se requiera autorización militar.

De acceso restringido a la propiedad por parte de extranjeros:

– Son aquellas zonas en las que, por exigencias de la defensa nacional o del libre ejercicio de las potestades soberanas del Estado, resulte conveniente prohibir, limitar o condicionar la adquisición de la propiedad y demás derechos reales por personas físicas o jurídicas de nacionalidad o bajo control extranjero.

– La extensión total de los bienes inmuebles pertenecientes en propiedad o gravados con derechos reales a favor de personas físicas o jurídicas extranjeras no podrá exceder del 15 % de su superficie, computado y distribuido en cada zona en la forma que reglamentariamente se determine. No se incluirá en el cómputo, la superficie ocupada por los actuales núcleos urbanos de poblaciones no fronterizas o sus zonas urbanizadas o de ensanche actuales, y las futuras que hayan sido informados favorablemente por el Ministerio militar correspondiente.

– Las personas extranjeras quedan sujetas al requisito de la **autorización militar** para adquirir la propiedad sobre fincas rústicas o urbanas con o sin edificaciones, o de obras o construcciones de cualquier clase; la constitución, transmisión y modificación de hipotecas, censos, servidumbres y demás derechos reales sobre fincas, a favor de personas extranjeras, y la construcción de obras o edificaciones de cualquier clase, así como la adquisición de derechos sobre autorizaciones concedidas y no ejecutadas, cuando los peticionarios sean extranjeros.

Se exceptúan de lo anterior, los centros y zonas que se declaren de interés turístico nacional en los que se considerará concedida la correspondiente autorización militar con las limitaciones que por imperativos de la defensa nacional pueda establecer el Ministerio de Defensa afectado en su preceptiva autorización previa a tal declaración.

Estas clases de zonas son compatibles entre sí, de modo que, por razón de su naturaleza y situación, determinadas extensiones del territorio nacional podrán quedar incluidas simultáneamente en zonas de distinta clase.

Los actos y contratos por los que se establezcan reconozcan, transmitan, justifiquen o extingan el dominio u otros derechos reales sobre bienes inmuebles sitos en las zonas restringidas en favor de personas físicas o jurídicas extranjeras, deberán necesariamente inscribirse en el registro de la propiedad.

Y los **notarios y registradores de la propiedad** deberán exigir de los interesados la **acreditación de la oportuna autorización militar**, con carácter previo al otorgamiento o inscripción, respectivamente, de los instrumentos públicos relativos a los actos o contratos de transmisión del dominio o constitución de derechos reales a que dichos preceptos se refieren.

Es notable distinguir que al ser una *conditio iuris* de la operación de compraventa, no cabe establecerla como condición suspensiva en la escritura de compraventa: el otorgamiento no puede realizarse hasta que no se haya obtenido la pertinente autorización, como así ha declarado la DGSJFP en reiteradas resoluciones.

La falta de inscripción de los títulos indicados dentro de los 18 meses siguientes a sus respectivas fechas determinará la nulidad de pleno derecho de los mencionados actos y concesiones, de lo cual deberán hacer advertencia expresa los notarios autorizantes en las correspondientes escrituras. Plazo ampliable a 24 meses cuando, sin culpa del adquirente, los referidos títulos estén pendientes de la liquidación del Impuesto de Transmisiones o de cualquier otra formalidad que impida la inscripción.

9.
REQUISITOS DEL OBJETO DE COMPRAVENTA

Los bienes que son objeto de la compraventa deben cumplir los siguientes requisitos:

- **Posibilidad**: tener existencia real actual o posible futura. La compraventa de cosa futura se refiere a supuestos como la compra de un inmueble sobre plano, el más habitual. La imposibilidad puede ser absoluta, cuando afecta a todos en todo caso, o subjetiva, si afecta solo a las partes del contrato o a una de ellas. Y debe concurrir desde el momento en que el contrato se perfecciona, no de forma sobrevenida, que será causa de extinción de la obligación con las consecuencias legales que correspondan según haya dolo o culpa o no.

- **Licitud**: ser de lícito comercio.

- **Determinación**: estar determinado al perfeccionarse el contrato o ser determinable sin necesidad de nuevo acuerdo.

Si falta uno de esos requisitos del objeto, que son elementos esenciales, el contrato será inexistente y quedará sin efecto por ausencia de objeto.

CUESTIONES

1. La venta de una vivienda que no es habitable, ¿es un caso de incumplimiento esencial del contrato?

Sí, ya que es un caso de *aliud pro alio* (una cosa en lugar de otra) por lo que, existe un pleno incumplimiento del contrato de compraventa, por inhabilidad del objeto vendido para cumplir la finalidad para la que se vendió y consiguientemente se ha producido la insatisfacción del comprador (sentencia del Tribunal Supremo n.º 218/2005, de 4 de abril, ECLI:ES:TS:2005:1983).

2. Siguiendo el contexto de la pregunta anterior, ¿qué significa la doctrina aliud pro alio?

La doctrina *aliud pro alio* contempla una doble situación: que se haya entregado cosa distinta a lo pactado o que se haya entregado cosa que, por su inhabilidad, provoque una insatisfacción objetiva, es decir, una completa frustración del fin del contrato. La evidencia de la frustración del fin del contrato, eliminando las legítimas expectativas de la parte perjudicada desencadena la resolución, en definitiva, la inhabilidad del objeto (sentencia del Tribunal Supremo n.º 317/2015, de 2 de junio, ECLI:ES:TS:2015:2345).

9.1. Definición del objeto de la compraventa

De acuerdo con el artículo 1271 del Código Civil, «Pueden ser objeto de contrato **todas las cosas que no están fuera del comercio de los hombres, aun las futuras** (...)».

Por lo tanto, podrán ser objeto de la compraventa las **cosas corporales e incorporales, muebles e inmuebles, presentes y futuras, específicas y genéricas, y los derechos**.

Asimismo, el objeto de **todo contrato debe ser una cosa determinada en cuanto a su especie**.

Si bien, de acuerdo con lo dispuesto en el artículo 1273 del Código Civil, **la indeterminación en la cantidad no será obstáculo para la existencia del contrato** siempre que sea posible determinarla sin necesidad de nuevo convenio entre los contratantes.

El objeto del contrato de compraventa es, por tanto, **la cosa** que, junto con el **precio**, constituyen los dos elementos reales del mismo. Y, no podrán ser objeto del contrato las cosas o servicios imposibles. Si bien, cuando se produce una imposibilidad de cumplimiento de la prestación hay que distinguir dos momentos (**sentencia del Tribunal Supremo n.° 406/2006, de 21 de abril, ECLI:ES:TS:2006:2355**):

- Si la **imposibilidad existe en el momento de la perfección contractual** (momento de formación del contrato) en cuyo caso el efecto jurídico que procede es el de nulidad contractual de acuerdo con el artículo 1272 del Código Civil.

- **Imposibilidad sobrevenida**, con posterioridad a la perfección y antes de constituirse el deudor en mora, en cuyo caso se da lugar a la liberación de la prestación (resolución contractual).

De forma que, si se pierde totalmente la cosa al momento de celebrarse el contrato, el mismo será nulo y quedará sin efecto. La pérdida parcial, por su parte, facultará al comprador para optar entre desistir del contrato o reclamar la parte existente, abonando su precio en proporción al total convenido.

Obviamente, en el contrato de compraventa inmobiliaria, la cosa es el inmueble. Y la definición o determinación del inmueble objeto del contrato puede tener lugar por el número de finca o su referencia catastral, en el caso de compraventa de inmueble ya construido, o mediante plano, en el caso de compraventa sobre plano de inmueble no construido aún.

CUESTIÓN

¿Qué se entiende por contrato de compraventa de cosa futura?

Según el **Tribunal Supremo** a través de su sentencia n.° 416/2012, de 19 de julio, ECLI:ES:TS:2012:5760, el contrato de compraventa de cosa futura es aquel contrato por el que una de las partes se obliga, a cambio de un precio en dinero o signo que lo represente, a entregar una vivienda o local en proyecto o en construcción, una vez terminada. Constituye una modalidad característica de la compraventa de cosa futura, al menos como regla general. Incumplimiento de la vendedora debido a los cambios urbanísticos que impidieron la entrega del piso pactado. Condena a la vendedora a entregar la vivienda que sustituye en la nueva promoción a la adquirida, o la diferencia entre el precio acordado y el precio que en el momento de la petición de cumplimiento del contrato tenía un piso de las mismas características en la nueva promoción.

Definición por número de finca registral/referencia catastral

El inmueble puede definirse por el **número de finca registral**. Y es que el registro de la propiedad atribuirá a cada finca, desde que se inscriba por primera vez, un número diferente y correlativo, teniendo otra numeración correlativa y especial las inscripciones que se refieran a una misma finca (art. 8 de la LH).

«Se inscribirán como una sola finca bajo un mismo número:

Primero.–El territorio, término redondo o lugar de cada foral en Galicia o Asturias, siempre que reconozcan un solo dueño directo o varios proindiviso, aunque esté dividido en suertes o porciones, dadas en dominio útil o foro a diferentes colonos, si su conjunto se halla comprendido dentro de los linderos de dicho término.

Se estimará único el señorío directo para los efectos de la inscripción, aunque sean varios los que, a título de señores directos, cobren rentas o pensiones de un foral o lugar, siempre que la tierra aforada no se halle dividida entre ellos por el mismo concepto.

Segundo.–Toda explotación agrícola, con o sin casa de labor, que forme una unidad orgánica, aunque esté constituida por predios no colindantes, y las explotaciones industriales que formen un cuerpo de bienes unidos o dependientes entre sí.

Tercero.–Las fincas urbanas y edificios en general, aunque pertenezcan a diferentes dueños en dominio pleno o menos pleno.

Cuarto.–Los edificios en régimen de propiedad por pisos cuya construcción esté concluida o, por lo menos, comenzada.

En la inscripción se describirán, con las circunstancias prescritas por la Ley, además del inmueble en su conjunto, sus distintos pisos o locales susceptibles de aprovechamiento independiente, asignando a éstos un número correlativo, escrito en letra y la cuota de participación que a cada uno corresponde en relación con el inmueble. En la inscripción del solar o del edificio en conjunto se harán constar los pisos meramente proyectados.

Se incluirán además aquellas reglas contenidas en el título y en los estatutos que configuren el contenido y ejercicio de esta propiedad.

La inscripción se practicará a favor del dueño del inmueble constituyente del régimen o de los titulares de todos y cada uno de sus pisos o locales.

Quinto.–Los pisos o locales de un edificio en régimen de propiedad horizontal, siempre que conste previamente en la inscripción del inmueble la constitución de dicho régimen».

Por otro lado, el catastro cuenta con *información alfanumérica y cartografía catastral* correspondiente a todos los bienes inmuebles. Y es que la inscripción de los bienes en el catastro inmobiliario, así como la de las alteraciones de sus características, es obligatoria y gratuita, lo que lo diferencia del registro de la propiedad.

Se trata de garantizar que los datos que se incluyen en la descripción catastral concuerdan con la realidad.

Conforme establece el artículo 198 de la Ley Hipotecaria, uno de los procedimientos para llevar a efecto esa **concordancia entre el registro de la propiedad y la realidad física y jurídica extrarregistral** es la inscripción de la representación gráfica georreferenciada de la finca y su coordinación con el Catastro.

La descripción catastral de los bienes inmuebles incluye sus características físicas, económicas y jurídicas, entre otras:

- Localización y referencia catastral.
- Superficie.
- Uso o destino.
- Clase de cultivo o aprovechamiento.
- Calidad de las construcciones.
- Representación gráfica.
- Valor de referencia de mercado.
- Valor catastral.
- Titular catastral con su número de identificación fiscal o, en su caso, número de identidad de extranjero.

Los ciudadanos pueden acceder a la información catastral mediante la sede electrónica del catastro, o acudir a las gerencias del catastro y a los puntos de información catastral.

Y los usuarios registrados de entidades colaboradoras pueden acceder a toda la información catastral, tanto a datos libres como protegidos, dentro de su ámbito de competencia.

Aunque su función inicial era tributaria, actualmente uno de los usos principales de la información catastral es la **protección del mercado inmobiliario**, al que aporta seguridad, impidiendo la compra o la venta de fincas inexistentes o de características distintas a las reales.

De acuerdo con el apartado 3 del artículo 6 del Real Decreto Legislativo 1/2004, de 5 de marzo, por el que se aprueba el texto refundido de la Ley del Catastro Inmobiliario, «A cada bien inmueble se le asignará como identificador una referencia catastral, constituida por un código alfanumérico que permite situarlo inequívocamente en la cartografía oficial del Catastro».

La referencia catastral es un código alfanumérico asignado por el catastro a cada inmueble para su identificación sobre la cartografía catastral, **que debe figurar en todos los documentos públicos** que reflejen relaciones de naturaleza económica o de trascendencia tributaria vinculadas al inmueble y la certificación catastral descriptiva y gráfica acreditativa de las características del inmueble en todos los documentos públicos que contengan hechos, actos o negocios susceptibles de generar una incorporación al catastro.

El titular registral del dominio o de cualquier derecho real sobre finca inscrita podrá completar la descripción literaria de la misma en el registro acreditando su ubicación y delimitación gráfica y, a través de ello, sus linderos y superficie, mediante la aportación de la correspondiente certificación catastral descriptiva y gráfica.

Definición mediante planos (compraventa de vivienda futura)

El objeto del contrato de compraventa inmobiliaria puede referirse a una vivienda en fase de construcción o en proyecto porque ni siquiera se ha iniciado su construcción, esto es, sobre plano.

Se trata de un **contrato de compraventa de vivienda futura**.

Para que la vivienda futura tenga existencia o individualidad y el vendedor promotor pueda disponer de ella, es necesario que la construya, por lo que se debe diferenciar el contrato de compraventa del de ejecución de obra con aportación de materiales por el contratista.

El Tribunal Supremo califica este negocio jurídico como compraventa de cosa futura cuya posibilidad viene admitida por el artículo 1271 del Código Civil, en el sentido de que la vivienda no existe en el momento mismo en que se crea la obligación, pero respecto de la cual hay seguridad o gran probabilidad de que llegará a existir, considerándose definitivo para calificar la vivienda en construcción como compraventa de cosa futura que el vendedor entregue al comprador la cosa una vez que ha alcanzado existencia real y física, aparte de desplegar la actividad necesaria para que dicha existencia llegue a tener lugar de forma que el contrato queda desnaturalizado si no contrae o se desvincula de esa obligación esencial de entrega.

Se trata de un contrato complejo sometido a algunas normas propias del de ejecución de obra, combinadas con las de la compraventa.

Y es frecuente que la formalización de esta compraventa especial se plasme en dos documentos que se suceden en tiempo:

a) Un primer documento privado, en el que el promotor asume la obligación de ejecutar la obra y entregar la vivienda en un plazo fijado y, como contraprestación, el comprador asume la obligación de realizar pagos fraccionados para financiar el proceso constructivo.

Este contrato carece de efectos jurídico-reales, pero sí tiene efectos obligacionales entre las partes.

Además, de la identificación del promotor vendedor y del constructor, la vivienda debe identificarse con planos y expresión de la superficie útil, debe incluirse la memoria de calidades, copia de la licencia de obras y datos registrales de la finca o solar, fecha de inicio de la construcción y entrega de la vivienda, precio y forma de pago detallada, incluidos impuestos, entrega de las garantías obligatorias para asegurar, en su caso, las cantidades entregadas a cuenta y el interés legal devengado, y el certificado de eficiencia energética y etiqueta energética.

El contrato debe recoger toda la documentación incluida en la oferta, promoción y publicidad distribuida durante la comercialización del inmueble, ya que su contenido es vinculante para el promotor.

b) Una escritura pública de compraventa coincidente con la terminación de la obra, por medio de la cual el promotor entrega la vivienda, transfiriendo el dominio sobre la misma al comprador, y este asume la obligación de pago del resto del precio, normalmente acompañado de un préstamo hipotecario sobre la vivienda en favor de una entidad bancaria a fin de financiar el pago del precio.

Si la empresa promotora no otorgase escritura o hubiera desaparecido del tráfico, se hace necesario promover un procedimiento judicial con esa finalidad y posterior inscripción en el registro de la propiedad.

La doctrina cuestiona si el segundo documento contractual produce los efectos propios de una novación extintiva respecto del primero, siendo mayoritaria la que estima que ambos documentos constituyen la relación contractual y son complementarios, de forma que, el promotor será responsable en caso de incumplimiento de la obligación de ejecución de la obra con los materiales indicados en el primer documento contractual.

9.2. Cláusulas habituales referentes a las condiciones de la venta de un inmueble

Las cláusulas habituales en el contrato de compraventa, **relativas a sus condiciones**, se refieren a:

Identificación de comprador y vendedor

Debe quedar patente y claro quiénes son las partes, compradora y vendedora, de la compraventa, con identificación de ambos mediante DNI/NIF/CIF/NIE, nombre completo, apellidos y domicilio, si actúan por sí mismos o mediante representante, que deberá identificarse de la misma forma, así como, el título en función del que actúa, que será debidamente comprobado.

Asimismo, si los compradores o vendedores son matrimonio, deberá indicarse si lo son en régimen de gananciales o separación de bienes.

Si quienes adquieren o venden son herederos del inmueble que forma parte de una herencia, se identificará a todos ellos o a su representante.

Identificación del objeto

Debe identificarse el inmueble y sus anexos que se adquiere/n, el tipo de propiedad, ubicación y lindes, lo cual se lleva a cabo mediante la referencia catastral o el título registral y, en el caso de nueva construcción, mediante plano. Igualmente se detallarán los bienes incluidos en el mismo.

Asimismo, se identificará el título de propiedad de la parte vendedora.

Cargas del inmueble

Es conveniente que el vendedor aporte una nota simple informativa que solicita en el registro de la propiedad, acreditativa de las cargas que tenga la propiedad —hipotecas o embargos— y la ausencia de dichas cargas, en su caso.

Lo mismo que acredite mediante informe del administrador que está al corriente de pagos con la comunidad de propietarios.

Si existen cargas, se establecerán las obligaciones de las partes a los fines de su eliminación y liquidación.

Si la propiedad está hipotecada, el comprador podrá subrogarse en la hipoteca con la entidad bancaria titular de la misma en los mismos términos preexistentes. En otro caso, se estipula su cancelación por el vendedor, de forma que se transmita libre de cargas.

Precio y forma de pago

En ocasiones, se acompaña la tasación de la vivienda, que podrá coincidir o no con el precio pactado.

Otorgamiento de escritura pública

El contrato privado suele incluir una cláusula estableciendo la obligatoriedad para las partes de firmar la escritura pública de compraventa en un plazo determinado ante el notario que acuerden o el que designe el comprador, la liquidación de impuestos y su posterior inscripción en el registro de la propiedad que corresponda.

Lugar y fecha de entrega del inmueble

Se trata normalmente del momento y lugar de entrega de las llaves, con la que tiene lugar la *traditio* del inmueble, que suele ser al momento de formalizar la escritura pública.

Arras y señal o entrega a cuenta

En el contrato privado se suele pactar una cantidad en concepto de arras que el comprador entrega a cuenta de la compraventa definitiva, que suelen ser de carácter confirmatorio, entregadas como parte del precio.

Y, habitualmente, se pacta la pérdida de esa cantidad en caso de que la parte compradora incumpla el contrato, o su devolución duplicada en caso de que el incumplimiento se atribuya al vendedor.

Gastos de la operación, escritura e intermediarios

En el contrato se detallará cuáles son, a cuánto ascienden y quién asume los gastos de intermediarios (corredor, inmobiliaria, agente intermediario), los gastos de la operación (tasación, plusvalía) y los de elevación a escritura pública (notaría, registro de la propiedad, ITPAJD).

Garantías

Principalmente en la compraventa de inmuebles de nueva construcción, no es extraño pactar la aportación de avales por parte del promotor-vendedor, para el caso de que la obra no llegue a buen fin en los términos estipulados.

¿Qué significa comprar a cuerpo cierto?

La compraventa puede pactarse por unidad de medida o cuerpo cierto. Y es que, ante la posibilidad de que la cabida del objeto del contrato a su entrega sea distinta a lo pactado inicialmente por una estimación errónea de su superficie real, puede pactarse su **adquisición por cuerpo cierto**.

Posibilidad recogida en el **artículo 1471 del Código Civil**, al decir que «En la venta de un inmueble, hecha por precio alzado y no a razón de un tanto por unidad de medida o número, no tendrá lugar el aumento o disminución del mismo aunque resulte mayor o menor cabida o número de los expresados en el contrato».

Así, la **sentencia de la Audiencia Provincial de Madrid n.º 425/2015, de 2 de diciembre, ECLI:ES:APM:2015:18353**, «(...) cuando se compra un inmueble como cuerpo cierto **lo que se adquiere es aquello que el comprador examina y percibe, prestando su consentimiento sobre lo que dicha percepción le reporta**, de ahí que sea indiferente cuáles son las dimensiones de lo que compra, e incluso que registralmente pueda constar una superficie superior a la real, ya que no se presta el consentimiento sobre la base de la superficie escriturada, sino sobre la base de lo que el comprador percibe y valora y, si lo desea, mide por sí mismo».

El pacto de comprar por cuerpo cierto solo cabe en la compraventa de **inmuebles ya construidos**, y supone que el inmueble se adquiere como una **unidad por un precio único**, sin que quepa la posibilidad de reclamar por parte del comprador, aunque al final tenga menos metros cuadrados de lo previsto.

Hay que tener en cuenta que esta modalidad de compra no siempre se denomina de esa forma en los contratos, «cuerpo cierto», sino que pueden constar términos como «precio alzado» o similar, ya que lo importante es definir de alguna forma que el inmueble se adquiere como una unidad total por un precio único por ese total.

En este sentido la **sentencia del Tribunal Supremo n.º 450/2011, de 16 de junio, ECLI:ES:TS:2011:3632**, señala que la venta de una finca como cuerpo cierto comporta la necesidad de fijación clara y precisa de los linderos, tal como pueden ser los accidentes geográficos, caminos, elementos delimitadores de fincas contiguas, etc.

CUESTIÓN

¿Puede considerarse una venta de cuerpo cierto cuando uno de los linderos se establece en relación con otra finca colindante pero no se precisa exactamente por donde discurre tal lindero?

No, y así lo aclara la **sentencia del Tribunal Supremo n.º 298/2010, de 14 de mayo, ECLI:ES:TS:2010:2289**, «(...) no puede hablarse de venta de "cuerpo cierto" cuando, al menos, uno de los linderos se establece en relación con otra finca colindante o con la finca matriz sin precisar exactamente por dónde discurre, como ocurre en el caso, y a este respecto esta Sala ha declarado que la doctrina sobre la venta de "cuerpo cierto" ha de aplicarse a la "cosa identificada por sí misma sobre la que las partes pueden hacer las mediciones y comprobaciones que estimen convenientes" (sentencia de 18 febrero 2010, que cita en igual sentido la sentencia de 29 mayo 2000 que, a su vez, reitera la doctrina de la sentencia de 26 de junio de 1956)».

Cuando se incluye este pacto en la compra del inmueble, el precio no se refiere a los metros cuadrados que tenga el inmueble, sino al todo como un cuerpo único delimitado por sus límites constructivos, y presupone que el comprador ha visitado el inmueble y comprobado la veracidad de la superficie real, que acepta.

De forma que, si una vez firmado y perfeccionado el contrato, el comprador descubre que la superficie real es menor a la indicada, **no cabe reclamar** la resolución de la compraventa por este motivo, ni la disminución o devolución de parte del precio, aunque la superficie conste en el registro de la propiedad.

Téngase en cuenta que los metros cuadrados que indica el vendedor pueden incluir partes de elementos comunes, con lo que esa superficie puede no coincidir con la real o con la que consta en el registro o el catastro.

Por lo que, cuando estamos ante un pacto de estas características, se impone tomar medidas como la medición del inmueble a adquirir antes de su compra definitiva, preferiblemente realizada por un técnico experto en la materia, arquitecto o similar. Y, una vez descubierto que tiene menos superficie que la alegada por el vendedor, se puede pactar una rebaja del precio.

No cabe hablar de precio cierto en las compraventas de inmuebles sobre plano, en las que, la entrega por el promotor vendedor de una superficie inferior a la pactada es un incumplimiento de sus obligaciones frente al que el comprador puede accionar.

Cláusula en el contrato de compraventa de inmueble: «Libre de cargas y gravámenes»

En el contrato de compraventa inmobiliaria es conveniente incluir el pacto de que el vendedor entregará la finca libre de cargas y gravámenes y al corriente de contribuciones, impuestos y gastos de comunidad. Realmente es una obligación que recae en el vendedor, aunque no se pacte.

El pacto como condición de que se produzca el hecho de dejar libre de cargas el inmueble es **condición suspensiva**, de forma que, ni hay transmisión ni se produce el hecho imponible si tal condición no se cumple.

Es más, si de la interpretación de un contrato se concluye que la finca se vende libre de cargas, las ya existentes deberán ser canceladas, y de no ser así, el comprador podría proceder a la resolución del contrato, aun cuando no lo fuera al amparo del artículo 1483 del Código Civil, sino del artículo 1124 de dicho texto legal, por incumplimiento contractual grave por parte del vendedor.

El texto del referido artículo 1483 del Código Civil ha sido interpretado por la doctrina científica en el sentido de que **tales gravámenes han de ser constitutivos de derechos reales, limitativos de los derechos de goce o disposición del propietario**, en tanto que la carga impone al propietario la obligación de satisfacer una prestación, generalmente periódica, a favor del titular del derecho; por el contrario, no se incluyen dentro de las cargas y gravámenes a que se refiere el precepto las limitaciones legales del dominio que tiene carácter institucional y configuran el contenido normal del dominio por lo que no pueden ser desconocidas por el comprador, como sucede en este caso (**sentencia del Tribunal Supremo n.º 596/2010, de 30 de septiembre, ECLI:ES:TS:2010:5076**).

Ante el incumplimiento de esta cláusula por el vendedor y la posible confusión de **acciones**, el Tribunal Supremo considera que **procede interponer una acción penal o una acción de nulidad del contrato por vicio del consentimiento**, pero no la acción de saneamiento por evicción, porque la privación de la cosa se produjo en virtud de ejecución dimanante de acción personal contra el titular registral del inmueble y no como consecuencia de acción contra el comprador en pleito en el que habría sido citado de evicción el vendedor.

JURISPRUDENCIA

Sentencia del Tribunal Supremo n.º 255/2019, de 7 de mayo, ECLI:ES:TS:2019:1444

Se estima la reclamación de las cantidades entregadas a cuenta del precio en una compraventa de vivienda en construcción, ya que el **avalista también responde** cuando el incumplimiento de la promotora consiste en no entregar la vivienda libre de cargas como se había obligado. Si el aval garantiza la devolución de los anticipos en caso de falta de terminación de la edificación dentro del plazo pactado, con mayor razón la habrá de garantizar cuando el vendedor pretenda entregar la vivienda con cargas hipotecarias cuando se pactó libre de cargas.

Sentencia del Tribunal Supremo n.º 389/2007, de 26 de marzo, ECLI:ES:TS:2007:1798

Finca vendida como libre de cargas y gravámenes cuando en realidad estaba gravada con una hipoteca y concesión de un préstamo hipotecario para financiar la compra del inmueble. Se **desestima la reclamación** de daños y perjuicios por la compradora a la entidad bancaria prestamista que realizó la verificación de cargas sin hacer constar la hipoteca, porque la dirige no ya contra la entidad vendedora, cuya actuación roza el campo del Derecho penal, sino contra la entidad bancaria, que financió la operación de compra.

Sentencia del Tribunal Supremo n.º 1062/2006, de 31 de octubre, ECLI:ES:TS:2006:6429

Aunque se pactó que el inmueble se entregaría libre de cargas y gravámenes, en el momento de la entrega existía una anotación preventiva de demanda para hacer valer una compraventa anterior. Los vendedores conocían la existencia de ese impedimento y se lo **ocultaron a los compradores**, lo que justifica el ejercicio de la facultad de resolución que contempla el art. 1124 CC y la aplicación de la cláusula penal incluida en el contrato, con devolución duplicada de la cantidad entregada.

Sentencia del Tribunal Supremo rec. 4973/2003, de 10 de septiembre de 2009, ECLI:ES:TS:2009:6667

Las fincas **no llegaron realmente a transmitirse**, pues las cargas que pesaban sobre las mismas no fueron canceladas, incumpliéndose de este modo la segunda condición que se impuso en la escritura de compraventa: que la inscripción de las fincas transmitidas a favor de la entidad compradora se hiciera de acuerdo con la descripción hecha en la escritura, esto es, libre de cargas.

Cláusula en el contrato de compraventa de inmueble: «Libre de arrendatarios y ocupantes»

Del mismo modo que la cláusula anterior, en todo caso, pero sobre todo cuando ha existido o existe un contrato de arrendamiento, es conveniente introducir la cláusula de que esté libre de inquilinos y ocupantes al momento de formalización de la compraventa.

De otro modo, el adquirente podría encontrarse con la sorpresa de tener dificultades para ocupar la vivienda y tener que accionar para defender su derecho.

Además, en caso de que la finca esté arrendada, el arrendatario tiene derecho de adquisición preferente sobre la finca para adquirir el inmueble al mismo precio y con las mismas condiciones con las que lo haría esta. Lo cual se concreta en el derecho de tanteo, anterior a la venta, o de retracto, que es peor, al operar con posterioridad a dicha compraventa en favor del arrendatario.

JURISPRUDENCIA

Sentencia del Tribunal Supremo n.º 1063/2006, de 25 de octubre, ECLI:ES:TS:2006:6541

La posición de esta Sala debe quedar clara ante la frecuencia, en la realidad social, de casos en que la parte vendedora venda un inmueble libre de ocupantes (en la práctica, arrendatarios) lo que se complica cuando se trata de arrendatario sometido a la LAU 1964, con prórroga forzosa. Se trata de un contrato de compraventa conocido, aceptado y consentido por las partes, con capacidad de obrar y a sabiendas de que la vendedora debe hacer la entrega de la cosa libre de ocupantes y la compradora quiere adquirir la cosa libre de ocupantes y pagar el precio. No hay imposibilidad de objeto, ya que la prestación, asumida conscientemente, de desalojo de ocupantes no puede ser tenida por imposible. Simplemente, se ha pactado en el contrato de compraventa el objeto: cosa libre de ocupantes y precio y se ha pactado asimismo una cláusula penal que se impone a la vendedora, caso de que incumpla y no entregue el inmueble libre de ocupantes. Se puede calificar de **arras penales** que no son sino una cláusula penal, por la que la parte puede exigir el cumplimiento de la obligación y solo en caso de incumplimiento, exigir que se ejecute dicha cláusula; en ningún caso aparece formulada como las arras de desistimiento que prevé el art. 1454 del CC.

Cláusula en el contrato de compraventa de inmueble: «Al corriente de gastos e impuestos»

Es importante introducir la cláusula de que el **vendedor está al corriendo en los gastos e impuestos que afectan al inmueble**.

Los gastos e impuestos que suele asumir el vendedor, aunque las partes puedan pactar otra cosa, suelen ser:

- Gastos de **cancelación de hipoteca**: cancelación registral, notaría, gestoría y comisión bancaria.

- **Certificado energético**.

- **IBI**, que suele abonar el propietario al 1 de enero del año en curso.

- **Plusvalía municipal o Impuesto sobre el Incremento del Valor de los Terrenos de Naturaleza Urbana**, que recauda el ayuntamiento y grava el incremento del valor del terreno en el que está construida la vivienda, según el precio del suelo que fija cada ayuntamiento y el número de años que se ha tenido la vivienda en propiedad.

- **Agencia inmobiliaria**: gastos de trámite de la compraventa.

- **Gastos de la comunidad de propietarios**, que suele abonar el vendedor y cuya situación de estar al corriente se acredita mediante un certificado del administrador de la finca o presidente de la comunidad.

RESOLUCIÓN RELEVANTE

Sentencia de la Audiencia Provincial de Baleares n.º 146/2016, de 12 de mayo, ECLI:ES:APIB:2016:733

«De los hechos anteriormente expuestos y atendiendo a los exactos términos contenidos en el contrato de compraventa otorgado entre las partes hoy litigantes, es el parecer de este Tribunal que, tal como se afirma por la parte actora hoy apelante, el Banco demandado incumplió la obligación asumida de entregar la vivienda vendida al corriente en el pago de todos los impuestos, de manera que con independencia de la naturaleza jurídica de la afección fiscal existente sobre la vivienda de autos, extremo sobre el que la jueza "a quo" funda la desestimación de la demanda,

lo cierto es que el Banco incumplió, como ya se ha dicho, la obligación de transmitir la finca objeto del contrato al corriente en el pago de los impuestos y libre de cargas y gravámenes, lo que obligó al comprador Sr. Marcial a presentar la correspondiente reclamación económica administrativa frente al acuerdo de la AT, contratando para ello al abogado don Alejandro del Campo Zafra, y consignando el importe reclamado de 133.933,29 euros (folio 38).

El incumplimiento de las obligaciones que asumió el banco libremente al otorgar la escritura de compraventa, se incardina en las previsiones indemnizatorias contenidas en el artículo 1.101 del Código Civil, pues ninguna duda cabe a este Tribunal que la derivación de responsabilidad por la afección fiscal sobre el inmueble trae causa de una conducta no imputable al comprador, sino previa a su adquisición y que contraviene la obligación asumida por el vendedor, de manera que, con independencia de la existencia de "culpa", lo que se constata es que la conducta del Banco contravino de forma clara la obligación de entregar la vivienda al corriente en el pago de los impuestos (ex artículo 1.104 del CC), incumplimiento que afectó al comprador que se vio en la necesidad de contratar un abogado para interponer una reclamación frente a la actuación de la administración derivada del impago de un impuesto que afectaba a la vivienda que le vendió el Banco. Podrá discutirse si la interposición de la demanda en reclamación del importe consignado fue prematura, de ahí que se haya resuelto ahora la reclamación económico-administrativa y por ello la pretensión actora se circunscriba a la reclamación de los honorarios del letrado, pero lo que resulta indiscutible es que la interposición ante la Agencia Tributaria de tal reclamación, ha sido útil y eficaz a los efectos de aminorar el perjuicio al actor, de manera que la pretensión articulada en esta alzada deberá ser acogida en cuanto se refiere a los honorarios del letrado actuante ante la ATIB, condenando, en consecuencia al demandado a abonar al actor la cantidad de 9.891,65 euros, en concepto de honorarios del citado Letrado Sr. Del Campo, si bien no proceder condenar al pago del IVA pues no consta en autos la factura correspondiente».

Cláusula en el contrato de compraventa de inmueble: «Cuántos derechos y obligaciones le son inherentes o accesorios»

Esta cláusula suele incluirse en el objeto del contrato, como añadido al mismo. Los artículos 1468 y 1097 del Código Civil establecen que deberá entregarse la cosa —en este caso, el inmueble— en el estado en que se hallaba al perfeccionarse el contrato, que todos los frutos pertenecen al comprador desde el día en que se perfeccionó el contrato y que la obligación se extiende además a la entrega de la cosa con todos los accesorios, aunque no hayan sido mencionados.

Asimismo, el mencionado artículo 1097 del Código Civil, que establece que dar la cosa determinada comprende la de entregar todos sus accesorios, aunque no hayan sido mencionados, no hace distinciones por su función, sea esta más o menos esencial **para ejercitar los derechos correspondientes sobre ella, por lo que es evidente, por ejemplo, que entre la documentación que debe entregarse al comprador de una vivienda esté la licencia de primera ocupación o de primera utilización** a través de la cual se acreditan las condiciones de habitabilidad de la vivienda, su adecuación a la licencia inicial de obras y al proyecto y a sus condiciones de seguridad, habitabilidad o salubridad para el uso a que se destina **(sentencia del Tribunal Supremo n.º 455/2007, de 19 de abril, ECLI:ES:TS:2007:2261)**.

Son **obligaciones accesorias aquellas que dependen de una principal**, a la cual se encuentran subordinadas y a la que complementan o garantizan, como ocurre con la obligación que pesa sobre el fiador de pagar o cumplir en el caso de que no lo haga el deudor.

10.
LA SITUACIÓN URBANÍSTICA DEL INMUEBLE Y EL ARTÍCULO 27 (APARTADOS 2 Y 3) DE LA LEY DEL SUELO

Conforme establece el artículo 27 del Real Decreto Legislativo 7/2015, de 30 de octubre, que aprueba el texto refundido de la Ley de Suelo y Rehabilitación Urbana, relativo a la transmisión de fincas y deberes urbanísticos, la transmisión de fincas no modifica la situación del titular respecto de los deberes del propietario conforme a la citada ley y los establecidos por la legislación de la ordenación territorial y urbanística aplicable o exigibles por sus actos de ejecución.

El nuevo titular queda subrogado en los derechos y deberes del anterior propietario y en las obligaciones asumidas por este frente a la Administración competente y que hayan sido objeto de inscripción registral, siempre que tales obligaciones se refieran a un posible efecto de mutación jurídico-real.

En las enajenaciones de terrenos, el vendedor debe hacer constar e informar acerca de:

- **La situación urbanística de los terrenos**, cuando no sean susceptibles de uso privado o edificación, cuenten con edificaciones fuera de ordenación o estén destinados a la construcción de viviendas sujetas a algún régimen de protección pública que permita tasar su precio máximo de venta, alquiler u otras formas de acceso a la vivienda.

- **Los deberes legales y las obligaciones pendientes de cumplir**, cuando los terrenos estén sujetos a una actuación de transformación urbanística.

Si **incumple este deber de información**, el adquirente podrá rescindir el contrato en el plazo de cuatro años y exigir la indemnización que proceda conforme a la legislación civil. Procedimiento judicial que, como todos, puede resultar largo y costoso, además de tener un resultado incierto, por lo que, es aconsejable que el comprador se informe acerca de la situación urbanística del inmueble antes de adquirirlo.

RESOLUCIÓN RELEVANTE

Sentencia del Tribunal Superior de Justicia de Madrid n.º 233/2017, de 29 de marzo, ECLI:ES:TSJM:2017:3560

«Pues bien, en el caso concreto que aquí nos ocupa, iniciado el procedimiento de restablecimiento de la legalidad urbanística con el anterior propietario del inmueble, que culminó con el dictado de la orden de demolición de fecha 12 de agosto de 2011, notificada al mismo el 25 de agosto de 2011, en virtud del principio de subrogación urbanística los aquí recurrentes-apelantes, adquirentes del inmueble con posterioridad, quedaron subrogados en la posición jurídica del anterior titular, por lo que la eficacia jurídica de la orden de demolición en su día dictada no precisa ni se supedita a la práctica de nueva notificación a los nuevos adquirentes, por lo que debe así desestimarse el motivo de impugnación referido a la necesidad de notificación de la referida orden de demolición a los aquí recurrentes.

Por tanto, siendo aquella orden de demolición firme y consentida por no haberse interpuesto contra la misma recurso jurisdiccional alguno, es evidente que ahora, con ocasión de la impugnación por los aquí recurrentes, terceros adquirentes, de la resolución por la que se les concede el plazo de un mes para que, de forma voluntaria, lleven a puro y debido efecto la orden de demolición, de fecha 12 de agosto de 2011, dictada en relación con las obras abusivamente realizadas en la finca sita en la CALLE000 Tip, NUM000, no pueden aducir vicios o defectos referidos a la resolución o acto administrativo que se pretende ejecutar y que alcanzó firmeza en vía administrativa, por así impedirlo el artículo 25.1 de la LJCA».

11.
EL PRECIO EN LAS OPERACIONES INMOBILIARIAS

El precio en la compraventa inmobiliaria es la **suma de dinero que el comprador se obliga a entregar a cambio del inmueble**.

Conforme establece el **artículo 1445 del Código Civil**:

> «Por el contrato de compra y venta uno de los contratantes se obliga a entregar una cosa determinada y el otro a **pagar por ella un precio cierto, en dinero o signo que lo represente**».

Como ya se ha analizado, el modo consiste en la entrega de la cosa y el precio. De forma que, si no hay precio, no hay contrato.

Para ser válido, el precio debe ser:

- **Cierto y verdadero**: lo cual quiere decir que no puede ser irreal o irrisorio, so pena de que se considere una donación y no una compraventa, o incluso nulo por falta de causa.

- **Determinado o determinable.**

- **En dinero o signo que lo represente.**

CUESTIONES

1. ¿El precio de una vivienda tiene que ser justo?

No, nuestro Código Civil no exige que el precio en la compraventa sea justo, el precio es el que pacten las partes al amparo del principio de la autonomía de la voluntad, siempre que no medie un vicio del consentimiento (sentencia del Tribunal Supremo n.º 560/2010, de 16 de septiembre, ECLI:ES:TS:2010:5145).

2. En el caso de las viviendas de protección oficial, ¿es nulo el contrato en el que se fije por las partes un precio superior al oficial?

Sí, numerosas sentencias han establecido como doctrina que, si se fija libremente un precio superior al oficial de las viviendas de protección oficial, no cabe aplicar la nulidad del artículo 6 del CC puesto que la legislación de las referidas viviendas establece, en tales casos, determinadas sanciones administrativas y pérdidas de beneficios. Es más, ni cabe sostener la nulidad parcial de la cláusula puesto que el precio pactado fue decisivo para el acuerdo de voluntades (**sentencias del Tribunal Supremo n.º 720/2001, de 16 de julio, ECLI:ES:TS:2001:6248 y n.º 1122/2002, de 19 de noviembre, ECLI:ES:TS:2002:7695**).

Por lo tanto, el **incumplimiento de la principal obligación del comprador, que es la de pagar el precio de la cosa vendida en el tiempo y lugar determinado en el contrato, faculta al vendedor a pedir la resolución**, el hecho de la posesión de la finca por la parte compradora que no ha pagado el precio no puede volverse contra la vendedora (**sentencia del Tribunal Supremo n.º 722/2002, de 11 de julio, ECLI:ES:TS:2002:5199**).

¿Cómo se fijará el precio en la compraventa de vivienda?

El requisito de ser cierto el precio no significa que se conozca exactamente su cuantía en el momento de la compraventa, por lo que, los artículos 1447 y 1448 del Código Civil admiten los siguientes medios de fijación de este:

– Por **referencia a otra cosa cierta y su valor**: el concepto de precio cierto no exige necesariamente que se precise cuantitativamente en el momento de la celebración del pacto, sino hasta que pueda determinarse aquel (**sentencia del Tribunal Supremo n.º 432/2006, de 3 de mayo, ECLI:ES:TS:2006:2604**).

– Se deja su **señalamiento al arbitrio de una persona determinada**, quedando ineficaz el contrato si esta no puede o no quiere señalarlo (lo que determina que esta forma de señalar el precio suela ser considerada una condición por la jurisprudencia).

También es posible estipular que la fijación no la haga una persona física sino un organismo oficial.

La doctrina y la jurisprudencia han analizado el contenido del artículo 1447 del Código Civil señalando que el precio dejado al arbitrio de tercero es una de las formas de fijar el precio en los contratos de compraventa **y no se trata de dejar el contrato al arbitrio de una de las partes, ya que lo que ocurre es que, estando conformes en la celebración del contrato, se deja a un tercero que fije el definitivo precio**. Así, la fijación del arbitrio de un tercero (arbitrador) para la determinación del precio en la compraventa cuando así los convinieran los contratantes a modo de negocio per relationem, desemboca en una decisión de obligado acatamiento para comprador y vendedor (**sentencia del Tribunal Supremo n.º 765/2010, de 30 de noviembre, ECLI:ES:TS:2010:7196**).

CUESTIÓN

¿Hay diferencias entre la figura de «arbitrador» y «árbitro»?

Según la doctrina científica, el «árbitro» resulta encargado de dirimir una cuestión entre las partes, mientras que el «arbitrador» desempeña una función por encargo de las partes (**sentencia del Tribunal Supremo n.º 765/2010, de 30 de noviembre, ECLI:ES:TS:2010:7196**).

¿Qué es la renta vitalicia?

De acuerdo con el **artículo 1802 del Código Civil**:

> «El contrato aleatorio de renta vitalicia **obliga al deudor a pagar una pensión o rédito anual durante la vida de una o más personas determinadas** por un capital en bienes muebles o inmuebles, cuyo dominio se le transfiere desde luego con la carga de la pensión».

Con carácter general, la renta vitalicia puede definirse como una **relación obligatoria duradera por medio de la cual una persona (deudor) se obliga a pagar a otra (acreedor) una prestación periódica, consistente en dinero o en especie, durante su vida.**

Asimismo, este **contrato es aleatorio**, ya que el tiempo durante el cual habrá de pagarse la renta es incierto y dependen del azar, tanto el tiempo de su eficacia como el número de rentas a pagar (**sentencias del Tribunal Supremo n.º 569/2003, de 11 de junio, ECLI:ES:TS:2003:4039, y la de 9 de febrero de 1990, ECLI:ES:TS:1990:1088).**

Ahora bien, el derecho de una persona a cobrar una renta durante su vida puede venir dado por diversas causas: por un contrato de seguro de vida, por disposición testamentaria a través del legado de renta, por un contrato de renta vitalicia o por un contrato de compraventa.

Una **renta vitalicia constituida sobre un inmueble es un contrato mediante el cual una persona percibe una pensión mensual durante el resto de su vida**, a cambio de la cesión de la propiedad de su vivienda en el momento de su fallecimiento, pero manteniendo el derecho de uso y disfrute de la misma mientras viva.

Aunque no son lo mismo, **son muchas las afinidades entre el contrato de compraventa y el de renta vitalicia.**

Para **su distinción es fundamental el objeto del capital entregado**, pues si es dinero, el objeto de la compra se identifica con la propia renta vitalicia, y si el capital entregado está formado por bienes muebles o inmuebles, estos eran el objeto de la compra y la renta su precio, configurándose la relación como una compraventa a fondo perdido que conserva prácticamente todos los caracteres normales de la venta.

El contrato de renta vitalicia, regulado en los artículos 1802 y siguientes del Código Civil, aun compartiendo estructura y carácter sinalagmático con la compraventa, **es un contrato autónomo y perfectamente identificable**, por lo que, no son idénticos, aunque sean aplicable a ambos, determinadas normas jurídicas como el saneamiento por vicios ocultos o por evicción cuando el capital entregado consiste en bienes muebles o inmuebles.

Ambos **son contratos sinalagmáticos y conllevan transmisión de la propiedad**, pero el contrato de compraventa no es aleatorio, a diferencia de la renta vitalicia. **La compraventa exige la determinación del precio, bien por las partes, por un tercero o por referencia a una cosa cierta, y en el contrato aleatorio de renta vitalicia se ignora cuándo se producirá el término final del contrato** y, por tanto, el número final de rentas a pagar, lo que impide su consideración como precio.

Por tanto, **la asimilación del contrato de renta vitalicia a la compraventa solo sería viable en aquellos casos en los que el precio sea fijado en dinero y el capital consista en determinados bienes muebles o inmuebles**.

Muchas veces los contratos de compraventa (o los de renta vitalicia) aparecen mezclando sus elementos, lo que provoca la duda sobre cuál es el contrato realmente celebrado.

RESOLUCIONES RELEVANTES

Sentencia de la Audiencia Provincial de Barcelona n.º 384/2015, de 10 de diciembre, ECLI:ES:APB:2015:12313

No procede declarar la nulidad del contrato de compraventa de inmueble por simulación, con declaración de la existencia de un contrato de renta vitalicia. Simplemente se trató de un contrato de compraventa, en que, en lugar de pagar el total del precio en un solo acto, se pagó un importe inicial, pagando sucesivamente el resto del precio pendiente de satisfacer. No se trata de un contrato de renta vitalicia. No se deduce que, atendiendo a las presunciones, se hubiera pactado un contrato de pensión vitalicia del derecho civil catalán, ni tampoco una renta vitalicia al amparo de la normativa del código civil, pues faltan elementos para acreditar el hecho base de obligarse para prestar una pensión durante la vida del vendedor, así como tampoco se aprecia que exista una voluntad de mantener al demandante en el usufructo de la vivienda, pues en la escritura no consta que se pacte dicho usufructo, que podría haber tenido acceso al registro de la propiedad mediante la inscripción de este derecho.

Sentencia de la Audiencia Provincial de Madrid rec. 1438/2000, de 9 de enero de 2001, ECLI:ES:APM:2001:106

Procede reclamar el precio de la compraventa, por cuanto lo convenido no fue un contrato de renta vitalicia. No concurre el elemento aleatorio que le caracteriza, pues el adquirente no se obliga a pagar una cantidad durante toda la vida del que le hace la entrega, sino que se pacta un contrato de compraventa donde parte del precio se abona de forma aplazada en un tiempo máximo.

¿De qué manera se acreditará la forma de pago a efectos de blanqueo de capitales?

La normativa sobre prevención del blanqueo de capitales impone determinadas limitaciones a los pagos que afectan a la forma de entregar el precio en la compraventa inmobiliaria.

Y es que, a efectos de blanqueo de capitales, entre otros, el notario deberá comprobar y dejar constancia en la escritura de cómo y cuándo se ha pagado la vivienda: en efectivo metálico, mediante cheques, si son nominativos o al portador, los números de las cuentas de donde ha salido el dinero, el número de la cuenta donde se ha ingresado el dinero en el caso de transferencia bancaria, las fechas de los pagos, o si se paga en ese mismo acto de la firma de la escritura y cómo se paga en ese acto, cómo y cuándo se ha pagado el IVA y, en su caso, la retención del comprador del 3 % del precio si vende un extranjero (apartado 1 del art. 14 del Real Decreto 1776/2004, de 30 de julio, por el que se aprueba el Reglamento del Impuesto sobre la Renta de no Residentes). Concretamente:

– No podrán pagarse en efectivo las operaciones, en las que **alguna de las partes intervinientes actúe en calidad de empresario o profesional, con un importe igual o superior a 1.000 euros** o su contravalor en moneda extranjera (art. 7.1 de la Ley 7/2012, de 29 de octubre, de modificación de la normativa tributaria y presupuestaria y de adecuación de la normativa financiera para la intensificación de las actuaciones en la prevención y lucha contra el fraude).

– No podrán pagarse en efectivo las operaciones, **cuando el pagador sea una persona física que justifique que no tiene su domicilio social en España y no actúe en calidad de empresario o profesional**, con un importe **igual o superior a 10.000 euros** o su contravalor en moneda extranjera (art. 7.1 de la Ley 7/2012, de 29 de octubre, de modificación de la normativa tributaria y presupuestaria y de adecuación de la normativa financiera para la intensificación de las actuaciones en la prevención y lucha contra el fraude).

– Deberá acreditarse el pago en toda transmisión onerosa a fin de evitar el blanqueo de dinero, por ello, cuando de movimientos por territorio nacional de medios de pago por importe igual o superior a 100.000 euros o su contravalor en moneda extranjera, se deberán presentar los modelos de declaración S-1 o S-2. (Art. 9 de la Orden ETD/1217/2022, de 29 de noviembre, por la que se regulan las declaraciones de movimientos de medios de pago en el ámbito de la prevención del blanqueo de capitales y de la financiación del terrorismo).

Más concretamente, en las escrituras públicas sobre transmisión a título oneroso del dominio sobre bienes inmuebles se identificarán los medios de pago cuando la contraprestación consista en todo o en parte en dinero o signo que lo represente. Para lo cual se identificará (art. 24 de la Ley del Notariado):

– Si el precio se recibió con anterioridad o en el momento del otorgamiento de la escritura.

– Su cuantía.

– Si se efectuó en metálico, cheque, bancario o no, y en su caso, nominativo o al portador, otro instrumento de giro o mediante transferencia bancaria.

– Además, en la escritura pública el notario deberá incorporar la declaración previa del movimiento de los medios de pago aportadas por los comparecientes. Y, si no se aporta, lo hará constar en la escritura y lo comunicará al órgano correspondiente del Consejo General del Notariado.

Retenciones en el precio de la compraventa de vivienda

Al formalizar la compraventa en escritura pública, conviene que el comprador retenga dos cantidades importantes:

– El importe calculado para la plusvalía municipal y otros gastos atribuibles al vendedor que las partes acuerden.

– Un 3 % sobre el precio de venta en caso de que el vendedor esté sujeto al Impuesto sobre la Renta de No Residentes (art. 14.1 del Real Decreto 1776/2004, de 30 de julio, por el que se aprueba el Reglamento del Impuesto sobre la Renta de no Residentes).

Retenciones para el pago de deudas pendientes

Es habitual que en la compraventa inmobiliaria el comprador retenga al vendedor ciertas cantidades para pagar posibles gastos e impuestos que corresponden al vendedor, tanto del inmueble como derivados de la propia compraventa, para evitar su impago.

El impuesto más habitual es el Incremento de Valor de los Terrenos de Naturaleza Urbana o plusvalía municipal, que corresponde al vendedor si existe un incremento del valor del suelo. El comprador deberá retener del precio de la compraventa la cantidad que corresponda a la plusvalía municipal para declarar e ingresar dicho impuesto en el plazo máximo de un mes. Y es que, si el vendedor no lo liquida, se cargará el pago sobre la finca vendida.

Otros ejemplos pactados pueden ser las facturas pendientes de agua, luz y otros suministros, los gastos de gestión e intermediación inmobiliaria, una ampliación de obra o cualquier otro gasto que acuerden atribuir a aquel.

Retenciones de precio a no residentes

La compraventa de un inmueble cuando el vendedor es persona sujeta al Impuesto sobre la Renta de No Residentes (residente en el extranjero) conlleva una retención del precio de venta del 3 % por parte del comprador, que es el impuesto que corresponde al vendedor por la transmisión en concepto de ganancia patrimonial derivada del Impuesto sobre la Renta de No Residentes.

Si bien de acuerdo con el artículo 14.2 del Reglamento del Impuesto sobre la Renta de no Residentes el adquirente no tendrá la obligación de retener o de efectuar el ingreso a cuenta en los siguientes casos:

- Cuando el transmitente acredite su sujeción al Impuesto sobre la Renta de las Personas Físicas o al Impuesto sobre Sociedades mediante certificación expedida por el órgano competente de la Administración tributaria.

- En los casos de aportación de bienes inmuebles, en la constitución o aumento de capitales de sociedades residentes en territorio español.

CUESTIÓN

¿Qué ocurre en los casos en los que la retención del 3 % no se hubiera efectuado?

Los bienes transmitidos quedarán afectos al pago del importe que resulte menor entre dicha retención o ingreso a cuenta y el impuesto correspondiente, y el registrador de la propiedad así lo hará constar por nota al margen de la inscripción respectiva, señalando la cantidad de que responda la finca. Esta nota se cancelará, en su caso, por caducidad o mediante la presentación de la carta de pago o certificación administrativa que acredite la no sujeción o la prescripción de la deuda (artículo 14.5 del Reglamento del Impuesto sobre la Renta de no Residentes).

12.
ENTREGA MATERIAL *VS.* *TRADITIO FICTA* EN LA COMPRAVENTA INMOBILIARIA

¿Qué se entenderá por entrega en la compraventa de vivienda?

De acuerdo con el **artículo 1462 del Código Civil**:

> «Se entenderá entregada la cosa vendida **cuando se ponga en poder y posesión del comprador**.
> **Cuando se haga la venta mediante escritura pública, el otorgamiento de ésta equivaldrá a la entrega de la cosa objeto del contrato**, si de la misma escritura no resultare o se dedujere claramente lo contrario».

Se puede establecer una clasificación de la *traditio* de la siguiente forma:

- **Tradición real**: consiste en la transferencia de la posesión de hecho, de modo que se pone la cosa en poder y posesión del adquirente. Tiene lugar de forma material (la entrega es manual y efectiva o el adquirente ejercita de forma inmediata los poderes que caracterizan al titular del derecho real) o simbólica (el transmitente manifiesta de forma inequívoca su intención de transferir la posesión al adquiriente o se ponen en poder del comprador los títulos de pertenencia).

- **Tradición instrumental**: la transmisión se hace a través de escritura pública ante notario, que equivale a la entrega de la cosa, aunque no se haya producido materialmente la transmisión de la posesión. A partir del otorgamiento, el adquiriente devendrá en propietario.

Por lo tanto, el mencionado artículo 1462 del Código Civil hace referencia a la tradición real en su primer párrafo y a la tradición instrumental en el segundo.

Además de las formas de *traditio* o entrega señaladas existen las siguientes:

- *Traditio brevi manu*: el transmitente no entrega la cosa al adquiriente debido a que este ya la tiene bajo su posesión.

- *Constitutum possessorium*: el transmitente continúa con la posesión de la cosa, pero a través de otro título diferente al de propietario.

- *Traditio ficta*: según el artículo 1463 del Código Civil la entrega de los bienes muebles se efectuará por el solo acuerdo o conformidad de los contratantes, si la cosa vendida no puede trasladarse a poder del comprador en el instante de la venta.

- *Cuasi tradición*: aparece regulado en el artículo 1464 del Código Civil, que reza «Respecto de los bienes incorporales, regirá lo dispuesto en el párrafo 2.º del artículo 1.462. En cualquier otro caso en que éste no tenga aplicación se entenderá por entrega el hecho de poner en poder del comprador los títulos de pertenencia, o el uso que haga de su derecho el mismo comprador, consintiéndolo el vendedor». La cuasi tradición está referida a los bienes que sean susceptibles de posesión y a los bienes incorporales. Se excluye de la cuasi tradición la propiedad de las cosas.

Por tanto, entregar la cosa, en lo que aquí nos ocupa, el inmueble, es una **obligación del vendedor al formalizar la compraventa** (art. 1461 del CC).

CUESTIÓN

¿La *traditio brevi manu* y la *constitutum possessorium* son aplicables a la entrega de inmuebles?

Sí, tal y como señala el Tribunal Supremo en su sentencia n.º 573/2011, de 19 de julio, ECLI:ES:TS:2011:4878, es claramente aplicable a la entrega de inmuebles, ya que en el práctica se dan más abundantemente las razones que justifican aquella forma de entrega: evitar una duplicidad innecesaria de traspasos posesorios. Asimismo, la jurisprudencia ha compartido la referida posición, «(...) la entrega está presidida por una progresiva espiritualización, entendiéndose que existe si el "accipiens" tenía ya en su poder el inmueble por algún motivo (*traditio brevi* manu), lo que es aplicable a los inmuebles por una evidente aplicación analógica del artículo 1463, in fine, del Código Civil».

Tiene especial relevancia práctica, respecto a las casas en construcción, porque al carecer de condiciones de habitabilidad, se cuestiona la posibilidad de tradición real. No obstante, cabe aceptar la posesión real y efectiva de una vivienda en construcción mediante la realización de actos posesorios.

En definitiva, la entrega de las cosas vendidas es una obligación impuesta a los vendedores por el mencionado artículo 1461 del Código Civil que, a su vez, genera derechos a favor de los compradores para exigir su cumplimiento o, en su caso, la resolución del negocio, **pues la propiedad no se trasmite por el mero hecho de perfeccionar el contrato sino que debe ir seguida de su tradición,** conforme a los artículos 609 y 1095 del Código Civil, ya que solo la conjunción de los dos elementos, título y modo de adquirir, determinan la transformación del originario ius ad rem en ius in re (**sentencia del Tribunal Supremo n.º 444/1996, de 31 de mayo, ECLI:ES:TS:1996:3329**).

12.1. Obligaciones del contrato privado respecto de la consumación de la compraventa

¿Cuándo se producirá la consumación del contrato de compraventa de un inmueble?

La consumación del contrato de compraventa se produce con la entrega del inmueble. Hasta entonces, el comprador debe abonar los gastos necesarios y útiles hechos en la cosa desde la perfección del contrato.

La compraventa se perfecciona entre comprador y vendedor, y es obligatoria para ambos desde que convienen en la cosa objeto del contrato y en el precio mediante contrato privado, aunque ni la una ni el otro se hayan entregado. Y la consumación del contrato, esto es, la transmisión de la propiedad del vendedor al comprador, ocurre con la *traditio*.

Se requiere tal consumación, esto es, la entrega de la cosa, para la adquisición de la propiedad, siendo suficiente la entrega simbólica o instrumental.

¿En qué momento de la compraventa inmobiliaria se entrega la posesión del inmueble?

En la compraventa inmobiliaria lo habitual es pactar la entrega de la posesión del inmueble en el acto de otorgamiento de la escritura pública, mediante la entrega de las llaves, lo cual suele ocurrir en la misma notaría, aunque nada obsta a que, tal entrega, tenga lugar en el contrato de compraventa privado o el que las partes acuerden.

En España la posesión física se entrega junto con la transmisión de la propiedad, por lo que, la firma de la escritura pública de compraventa inmobiliaria implica la entrega de la posesión y, normalmente, en el mismo acto se hace entrega de las llaves.

Cuando se adquiere una vivienda de nueva construcción, el momento de la entrega es claro, ya que la entrega de las llaves se pacta expresamente a la terminación de la obra y escrituración pública de la compraventa.

En la adquisición de inmuebles de segunda mano pueder existir conflictos derivados, en muchos casos, del momento de entrega de la posesión —normalmente de las llaves— por diversas circunstancias. Imaginemos que en el momento de la escritura pública el vendedor le pide un par de días al comprador para sacar muebles o que se reserve la posesión de la cosa vendida durante cierto tiempo, normalmente corto, hasta que dispone de otra vivienda o local.

La **doctrina jurisprudencial no tiene un concepto unitario de posesión y diferencia la posesión natural de la posesión civil,** señalando que el animus de haber la cosa o derecho como suyos del poseedor civil equivale a poseer la cosa en concepto de dueño o el derecho en concepto de titular de este, por lo que las restantes posiciones fácticas posesorias serán únicamente de posesión natural. Por lo que, el propietario vendedor al conservar la posesión de la finca vendida, ya no la va a poseer como dueño, sino que simplemente ostenta una posesión natural sujeta al pacto concreto. Y la escritura pública puede equivaler a la entrega a los efectos de tener por realizada la tradición dominical, aun cuando no provoque igualmente el traspaso posesorio.

JURISPRUDENCIA

Sentencia del Tribunal Supremo n.º 593/2008, de 26 de junio, ECLI:ES:TS:2008:3132

Doctrina y jurisprudencia admiten genéricamente que lo preceptuado en el art. 1463 del CC, en relación con bienes muebles, resulta de aplicación también a los inmuebles, con lo que el bien se entenderá entregado por el solo acuerdo o conformidad de los contratantes, si el comprador ya lo tenía en su poder por algún motivo. Junto a la *traditio* real, se encuentra la «tradición fingida», donde no se produce traspaso o entrega efectiva de la cosa, sino de un signo que la represente como ficción de entrega, para alcanzar idénticos efectos que aquella, y entre los supuestos de *traditio ficta* está la denominada *traditio brevi manu* que se produce cuando el adquirente ya tenía la posesión de la cosa por otro título diferente.

¿Qué obligaciones habrá hasta la entrega del inmueble?

Hasta la entrega del bien el vendedor deberá:

- **Custodiar y mantener la vivienda en el estado de conservación** en que se ha perfeccionado el contrato.

- **Asumir las obligaciones de saneamiento por vicios o defectos del inmueble.**

- **Pagar los gastos necesarios para realizar la entrega,** regularizando aquellos que tenga pendientes como son el IBI o los gastos y deudas con la comunidad de propietarios.

El **comprador,** por su parte, debería llevar a cabo una serie de obligaciones cautelares, no obligatorias, como son comprobar:

- **La situación física de la vivienda,** es decir, su superficie útil, distribución, estado y posibles vicios ocultos, de los que es responsable el vendedor o el vendedor y el constructor.

- **La situación legal del inmueble:** identidad del vendedor, titularidad en el registro de la propiedad y si tiene cargas o hipotecas.

- **Fiscalidad del inmueble y gastos de comunidad y otros que le afecten,** para lo cual solicitará al vendedor recibos de estar al corriente en el pago del IBI y un certificado del administrador de la finca en el mismo sentido respecto a los gastos y deudas de la comunidad de propietarios.

Si se trata de inmueble de nueva construcción, solicitará al promotor una copia de la declaración de obra nueva y división de la propiedad horizontal, de la célula de habitabilidad y de la licencia de primera ocupación.

Asimismo, la **obligación por parte del vendedor de entregar la cosa vendida comprende la de poner en poder del comprador todo lo que exprese el contrato**, mediante las reglas siguientes, de acuerdo con el artículo 1469 del Código Civil:

> «(...)
>
> Si la venta de bienes inmuebles se hubiese hecho con expresión de su cabida, a razón de un precio por unidad de medida o número, tendrá obligación el vendedor de entregar al comprador, si éste lo exige, todo cuanto se haya expresado en el contrato; pero si esto no fuere posible, podrá el comprador optar entre una rebaja proporcional del precio o la rescisión del contrato, siempre que, en este último caso, no baje de la décima parte de la cabida la disminución de la que se le atribuyera al inmueble.
>
> Lo mismo se hará, aunque resulte igual cabida, si alguna parte de ella no es de la calidad expresada en el contrato.
>
> **La rescisión**, en este caso, **sólo tendrá lugar a voluntad del comprador, cuando el menos valor de la cosa vendida exceda de la décima parte del precio convenido**».

Por ende, el referido artículo 1469 del Código Civil prevé que el comprador de un inmueble cuyo precio se haya establecido a razón de una cantidad por cada unidad de medida o número puede exigir la entrega de todo lo expresado y si ello no es posible puede optar entre la rescisión y la rebaja del precio (**sentencia del Tribunal Supremo n.º 156/2012, de 9 de marzo, ECLI:ES:TS:2012:2539**).

En relación con esto, es interesante la lectura de la **sentencia del Tribunal Supremo n.º 983/2000, de 24 de octubre, ECLI:ES:TS:2000:7662**, que reza como sigue:

> «(...) los artículos 1469 a 1472 del Código civil contemplan los supuestos de **diferencias de cantidad y calidad en la entrega de inmueble como obligación del vendedor** en el contrato de compraventa y éste no es el caso de autos. En el presente, se celebró una serie de contratos de compraventa en que aparecía que el conjunto de viviendas vendidas tenía un determinado sistema de calefacción y este sistema fue cambado unilateralmente por el vendedor, sin pacto, ni consentimiento, ni conocimiento de los compradores. Lo cual ha sido calificado por las sentencias de instancia, de incumplimiento parcial o cumplimiento defectuoso de las obligaciones derivadas del contrato de compraventa, pero no es una cuestión de cantidad o calidad. El que la sentencia de la Audiencia Provincial **exprese que el sistema de calefacción es una de las cualidades esenciales del objeto del contrato de compraventa, que es una vivienda, es algo cierto, incluso obvio, que no cambia lo expresado sobre la inaplicación de los artículos 1469 y siguientes del Código civil**».

Pero ¿qué ocurre en los casos que resultare mayor cabida o número en el inmueble que los expresados en el contrato? El artículo 1470 del Código Civil señala:

> «Si, en el caso del artículo precedente, resultare mayor cabida o número en el inmueble que los expresados en el contrato, **el comprador tendrá la obligación de pagar el exceso de precio si la mayor cabida o número no pasa de la vigésima parte de los señalados en el mismo contrato; pero si excedieren de dicha vigésima parte,** el comprador podrá optar entre satisfacer el mayor valor del inmueble o desistir del contrato».

JURISPRUDENCIA

Sentencia del Tribunal Supremo n.º 348/2010, de 1 de junio, ECLI:ES:TS:2010:2873

«Por otra parte ha de recordarse la doctrina sentada por esta Sala en sentencia de 30 junio 2009 en un supuesto en que igualmente se discutía sobre la procedencia del precio pactado en relación con la edificabilidad del inmueble transmitido. Allí se dijo: "La parte recurrente pretende, con esta alegación, resolver a su favor la pretensión a base de la aplicación por medio de la analogía de lo previsto para las diferencias de cantidad y calidad en la entrega de los inmuebles en los artículos 1469 y 1470 del Código civil a la cuestión de diferencias en la edificabilidad. Lo cual no es posible. La analogía pretende resolver el caso de la laguna de la Ley y no puede considerarse tal cosa, cuando en un contrato se produce una discordancia, un error o una falta de previsión. El tema de la edificabilidad es importante económica y socialmente y está sumamente regulado en la normativa administrativa, pero no lo está en la civil. Siendo la base de la analogía la identidad de razón (semejanza que es destacada por las sentencias de 21 de noviembre de 2000, 5 de febrero de 2004, 28 de junio de 2004) —ubi eadem ratio est, ibi eadem iuris dispositio esse debet— que comprende los dos presupuestos de falta de norma e igualdad esencial, no se da en el caso presente. La normativa no regula los excesos o defectos de edificabilidad, al igual que no regula tantas otras cuestiones de divergencia que se pueden dar en la compraventa, tanto de inmuebles como de cosas muebles. El que no contemple una determinada cuestión no permite que se pueda aplicar por analogía otra distinta"».

12.2. Saneamiento en la entrega del bien en la compraventa inmobiliaria

¿Qué entenderemos por saneamiento en una compraventa?

El **artículo 1474 del Código Civil** establece que el vendedor responderá al comprador:

– De la **posesión** legal y pacífica de la cosa vendida.

– De los **vicios** o defectos ocultos que tuviere.

¿Qué se entiende por saneamiento por evicción?

El vendedor responde de la obligación de **saneamiento por evicción** cuando se prive al comprador por sentencia firme y en virtud de un derecho anterior a la compra, de todo o parte de la cosa comprada, aunque nada se haya expresado en el contrato. Y los contratantes podrán aumentar, disminuir o suprimir esta obligación (art. 1475 del CC).

CUESTIONES

1. ¿Qué se entiende por «evicción invertida»?

Es aquella en la que, según la doctrina del TS, demanda el comprador, y en la que debe exigirse al mismo que requiera al vendedor, antes de interponer la demanda, para que la defienda o le suministre los medios de defensa, lo que viene a sustituir a la notificación de la demanda en el caso de que el comprador sea el demandado (**sentencia del Tribunal Supremo n.º 539/1995, de 7 de junio, ECLI:ES:TS:1995:3280**).

2. ¿Se podrá pactar la exención del vendedor de responder de la evicción?

Sí, podrá pactarse tal exención, si bien de acuerdo con el artículo 1476 del CC será nulo todo pacto que exima al vendedor de responder de la evicción pero siempre que hubiera mala fe por su parte. A modo de ejemplo, es interesante mencionar la **sentencia de la Audiencia Provincial de Barcelona n.º 729/2018, de 28 de diciembre, ECLI:ES:APB:2018:12966**, cuyo tenor literal es el siguiente: «En cuanto a la cláusula de exoneración de responsabilidad contenida en la escritura de compraventa (documento n° 3 de la demanda) reiteradamente referida, resulta acertada la valoración efectuada por la juzgadora de instancia en tanto la estima íntimamente vinculada con la mención de la Nota de Encargo de venta del inmueble (documento n° 1 de la demanda) en cuyo pacto 8°, la parte vendedora manifestó que no existían vicios ocultos, amparándose en los certificados negativos de aluminosis del piso transmitido (folios 152, 154, 158 y 160) pero omitiendo todas los resultados positivos obtenidos en las pruebas realizadas en el edificio (folios 151, 153, 155, 156, 157 y 159). Esta omisión deliberada de la patología que afectaba al edificio, torna inoperante la cláusula de exención de responsabilidad, por contravenir lo dispuesto en el artículo 1476 del Código Civil, al resultar acreditada la mala fe de los vendedores».

3. ¿Podrá renunciar el comprador al saneamiento por evicción?

Sí, así lo contempla el artículo 1477 del CC: «Cuando el comprador hubiese renunciado el derecho al saneamiento para el caso de evicción, llegado que sea éste, deberá el vendedor entregar únicamente el precio que tuviere la cosa vendida al tiempo de la evicción, a no ser que el comprador hubiese hecho la renuncia con conocimiento de los riesgos de la evicción y sometiéndose a sus consecuencias». Por tanto, la renuncia ha de ser clara y expresa resultando de manifestaciones que la expresen de modo inequívoco, necesario e indudable (**sentencia del Tribunal Supremo n.º 159/2009, de 9 de marzo, ECLI:ES:TS:2009:1147**).

Cuando se haya estipulado el saneamiento o cuando nada se haya pactado sobre este punto, si la evicción se ha realizado, tendrá el comprador derecho a exigir del vendedor (art. 1478 del CC):

– La **restitución del precio que tuviere la cosa vendida al tiempo de la evicción** ya sea mayor o menor que el de la venta.

– Los **frutos o rendimientos, si se le hubiere condenado a entregarlos** al que le haya vencido en juicio.

– Las **costas del pleito que haya motivado la evicción** y, en su caso, las del seguido con el vendedor para el saneamiento.

– Los **gastos del contrato**, si los hubiese pagado el comprador.

– Los **daños e intereses y los gastos voluntarios** o de puro recreo u ornato, si se vendió de mala fe.

CUESTIÓN

¿En qué momento podrá exigirse el saneamiento?

De acuerdo con el artículo 1480 del CC, el saneamiento no podrá exigirse hasta que haya recaído sentencia firme, por la que se condene al comprador a la pérdida de la cosa adquirida o de parte de la misma. Tanto el artículo 1475 como el referido 1480 del Código Civil exigen como presupuesto material de la evicción que los compradores hayan sido privados de todo o parte de la cosa comprada, por sentencia firme dictada en un proceso en el que se hubiera ejercitado una acción apta para fundar la privación de la cosa, lo que ocurre en un caso como el presente en que la sentencia, después de declarar el dominio de quienes ejercitaron la evicción respecto de parte de la finca vendida y la ocupación de esta por los compradores, condena a estos a estar y pasar por dicha declaración de propiedad y a abstenerse en el futuro de todo acto de perturbación o intromisión en el pleno dominio de la referida finca, en este sentido se pronuncia la **sentencia del Tribunal Supremo n.º 269/2013, de 30 de abril, ECLI:ES:TS:2013:2748**.

En atención a lo dispuesto en el artículo 1481 del Código Civil, el **vendedor estará obligado al saneamiento que corresponda**, siempre que resulte probado que se le notificó la demanda de evicción a instancia del comprador. **Faltando la notificación, el vendedor no estará obligado al saneamiento**.

La finalidad de la «**llamada en garantía**» a la que el referido artículo hace referencia, como **condición necesaria para que el vendedor quede obligado al saneamiento por evicción, es la de hacer posible que el vendedor pueda defender en el proceso de evicción la posesión legal y pacífica para el comprador de la cosa que le vendió**, procurando que sea desestimada la demanda del tercero que pretende privársela con los negativos efectos que ello pueda suponer para el vendedor. Por lo tanto, si el vendedor ya es parte en el proceso al haber sido demandado junto con el comprador carecería de sentido la «llamada en garantía» que, en caso de producirse, habría de ser denegada por el juzgado o, en cualquier caso, carecería de sentido alguno (**sentencia del Tribunal Supremo n.º 857/2007, de 17 de julio, ECLI:ES:TS:2007:5025**).

En caso de que la **finca vendida estuviese gravada, sin mencionarlo la escritura, con alguna carga o servidumbre no aparente**, de tal naturaleza que deba presumirse no la habría adquirido el comprador si la hubiera conocido, podrá pedir la rescisión del contrato, a no ser que prefiera la indemnización correspondiente (art. 1483 del CC). En el referido precepto se **contempla el llamado saneamiento por gravámenes ocultos** que participa de la naturaleza de saneamiento por **vicios ocultos, tratándose de un vicio de carácter jurídico que produce efectos semejantes al vicio oculto**, en caso de que la cosa vendida estuviera gravada con derecho real limitativo de la propiedad, no mencionado en la escritura, ni ser aparente, así lo expresa la sentencia del Tribunal Supremo n.º 431/2007, de 17 de abril, ECLI:ES:TS:2007:2384.

Con respecto a lo contemplado en el artículo 1483 del Código Civil es enormemente ilustrativa la **sentencia del Tribunal Supremo n.º 596/2010, de 30 de septiembre, ECLI:ES:TS:2010:5076**, que reza el tenor literal siguiente:

> «(...) hay que partir del texto del art. 1.483 del Código Civi , según el cual "si la finca estuviese gravada, sin mencionarla en la escritura, con alguna carga o servidumbre no aparente... ", texto que ha sido interpretado por la doctrina científica en el sentido de que tales gravámenes han de ser constitutivos de derechos reales, limitativos de los derechos de goce o disposición del propietario, en tanto que la carga impone al propietario la obligación de satisfacer una prestación, generalmente periódica, a favor del titular del derecho; por el contrario no se incluyen dentro de las cargas y gravámenes a que se refiere el precepto las limitaciones legales del dominio que tiene carácter institucional y configuran el contenido normal del dominio por lo que no pueden ser desconocidas por el comprador, como sucede en este caso, en el que lo que se califica de carga no son más que de gastos de mantenimiento de un elemento común a las viviendas que integran la Comunidad demandante, el sometimiento en suma a una tasa que, debida o indebidamente, gira la suministradora a la Comunidad como beneficiaria de un servicio público por vertido de las aguas procedentes de la capa freática y que esta conocía desde el año 2001, además de tratase de un problema común y conocido de todos los edificios de la zona, y que si bien afecta directa y esencialmente al predio, no tiene más consecuencia que su abono en una cifra cuya importancia tampoco se acredita por cuanto el nivel freático se caracteriza por ser fluctuante; razón por la que no tiene reflejo alguno en los distintos contratos de compraventa, como tampoco lo tienen otras situaciones similares a las que pueda verse afectado el inmueble (...)».

Saneamiento por vicios o defectos ocultos

Además de la obligación de saneamiento por evicción, el vendedor estará obligado al saneamiento por los defectos ocultos previsto en los artículos 1484 y siguientes del CC. En concreto, el **artículo 1484.1 del CC** señala:

> «El vendedor estará obligado al saneamiento por los defectos ocultos que tuviere la cosa vendida, si la hacen impropia para el uso a que se la destina, o si disminuyen de tal modo este uso que, de haberlos conocido el comprador, no la habría adquirido o habría dado menos precio por ella; pero no será responsable de los defectos manifiestos o que estuvieren a la vista, ni tampoco de los que no lo estén, si el comprador es un perito que, por razón de su oficio o profesión, debía fácilmente conocerlos».

¿Cuáles son las características de los vicios o defectos ocultos? El vicio o defecto oculto habrá de ser:

- **Preexistente**, es decir, que se trate de un vicio o defecto de la cosa previo a la compraventa.
- **Oculto**, esto es, que el comprador no haya podido conocerlo. No responde el vendedor de los defectos manifiestos o a la vista. Se excluye

igualmente su responsabilidad por los vicios o defectos ocultos, en el caso de que, aun cumpliendo este requisito, el comprador por su condición de perito o por su oficio o profesión debía fácilmente conocerlos.

– **Grave,** esta característica supone que el vicio o defecto ha de hacer la cosa impropia para el uso a que se la destina o disminuirlo hasta el punto de que, si el comprador lo hubiese conocido, no la habrá adquirido o habría pagado menos precio por ella. En este sentido, cabe señalar que no son vicios ocultos cuestiones menores que no afecten a la integridad o funcionalidad del bien.

¿Cuáles son los efectos de la concurrencia de vicios o defectos ocultos? El vendedor responde del saneamiento por los vicios o defectos ocultos de la cosa vendida, aunque los ignorase, salvo que se haya estipulado lo contrario.

Si concurren vicios o defectos ocultos, el comprador puede:

– Desistir del contrato, abonándosele los gastos que haya pagado.

– O, rebajar, una cantidad proporcional del precio.

Y **¿qué sucede si el vendedor conocía los vicios o defectos y no los manifestó al comprador?** Además de la opción anterior, el comprador será indemnizado de los daños y perjuicios en caso de que opte por la rescisión.

¿Cuáles son las consecuencias en caso de pérdida de la cosa vendida? En lo que se refiere a la pérdida de la cosa vendida relacionada con los vicios ocultos se distinguen los siguientes supuestos:

a) Pérdida de la cosa por efecto de los vicios ocultos:

– El vendedor conoce los vicios ocultos: sufre él la pérdida y debe restituir el precio y abonar los gastos del contrato, con los daños y perjuicios.

– El vendedor no los conoce: debe restituir el precio y abonar los gastos del contrato que haya pagado el comprador.

b) La cosa tiene un vicio oculto al tiempo de la venta y se pierde después por caso fortuito o por culpa del comprador:

– El comprador puede reclamar al vendedor el precio que pagó, con la rebaja del valor que la cosa tenía al tiempo de perderse.

– Si el vendedor obra de mala fe, debe abonar al comprador los daños e intereses.

> **A TENER EN CUENTA.** El artículo 1489 del CC establece la imposibilidad de la responsabilidad por daños y perjuicios en el caso de ventas judiciales.

Finalmente, el artículo 1490 del CC establece que las acciones previstas para el saneamiento por los vicios o defectos ocultos se extinguen a los 6 meses desde la entrega de la cosa vendida.

13.
FISCALIDAD DE LOS CONTRATOS RELACIONADOS CON LA COMPRAVENTA INMOBILIARIA

La transmisión de un inmueble puede tener repercusión en diferentes impuestos. A continuación, los analizaremos, centrándonos solo en aquellos aspectos que puedan resultar de interés para este tipo de transmisión patrimonial. Nos referimos, en concreto, a la incidencia en el IVA, el ITP, el IRPF, el IRNR, el IS, el IIVTNU y el IBI.

> **A TENER EN CUENTA.** Con respecto a las dudas que puedan surgir en cuanto al régimen de tributación indirecta de las operaciones inmobiliarias, la AEAT tiene a disposición de los contribuyentes un servicio de ayuda e información denominado «Calificador Inmobiliario», accesible a través de su sede electrónica. A través de dicho servicio, una vez especificado el tipo de operación y otra información que el asistente solicita, se indica, por ejemplo, si debe tributar por el IVA o el ITPyAJD, el tipo aplicable, a quién corresponde la declaración e ingreso del impuesto o si se debe repercutir IVA en la factura.

Impuesto sobre el Valor Añadido (IVA)

El IVA es un tributo indirecto que recae sobre el consumo y grava, entre otras, las entregas de bienes y prestaciones de servicios efectuadas por empresarios o profesionales. A estos efectos, se reputarán empresarios o profesionales los que indica el artículo 5 de la Ley 37/1992, de 28 de diciembre, del Impuesto sobre el Valor Añadido (en adelante, LIVA). Básicamente, y por lo que aquí interesa, tendrán esa condición:

- Las personas o entidades que realicen actividades empresariales o profesionales que impliquen una ordenación por cuenta propia de factores de producción materiales y humanos o de uno de ellos, con la finalidad de intervenir en la producción o distribución de bienes o servicios. Se excluyen quienes realicen exclusivamente entregas de bienes o prestaciones de servicios a título gratuito.

- Las sociedades mercantiles, salvo prueba en contrario.

– Quienes realicen una o varias entregas de bienes o prestaciones de servicios que supongan la explotación de un bien corporal o incorporal con el fin de obtener ingresos continuados en el tiempo; y, en concreto, los arrendadores de bienes.

– Quienes efectúen la urbanización de terrenos o la promoción, construcción o rehabilitación de edificaciones destinadas, en todos los casos, a su venta, adjudicación o cesión por cualquier título, aunque sea ocasionalmente.

Con todo, el artículo 20.Uno.22.º de la LIVA declara **exentas las segundas y ulteriores entregas de edificaciones**, incluidos los terrenos en que se hallen enclavadas, cuando tengan lugar después de terminada su construcción o rehabilitación. Considerándose como «primera entrega» a estos efectos la realizada por el promotor que tenga por objeto una edificación cuya construcción o rehabilitación esté terminada. Ahora bien, no tendrá la consideración de primera entrega la realizada por el promotor después de la utilización ininterrumpida del inmueble por un plazo igual o superior a dos años por su propietario o por titulares de derechos reales de goce o disfrute o en virtud de contratos de arrendamiento sin opción de compra, salvo que el adquirente sea quien utilizó la edificación durante el referido plazo. No se computarán a estos efectos los períodos de utilización de edificaciones por los adquirentes de los mismos en los casos de resolución de las operaciones en cuya virtud se efectuaron las correspondientes transmisiones.

Esta exención, sin embargo, no se aplicará:

– A las entregas de edificaciones efectuadas en el ejercicio de la opción de compra inherente a un contrato de arrendamiento, por empresas dedicadas habitualmente a realizar operaciones de arrendamiento financiero. A estos efectos, el compromiso de ejercitar la opción de compra frente al arrendador se asimilará al ejercicio de la opción de compra. Los contratos de arrendamiento financiero a que se refiere este punto tendrán una duración mínima de 10 años.

– A las entregas de edificaciones para su rehabilitación por el adquirente.

– A las entregas de edificaciones que sean objeto de demolición con carácter previo a una nueva promoción urbanística.

Asimismo, la LIVA también declara **exentas del IVA las entregas de terrenos rústicos y demás que no tengan la condición de edificables**, incluidas las construcciones de cualquier naturaleza en ellos enclavadas, que sean indispensables para el **desarrollo de una explotación agraria, y los destinados exclusivamente a parques y jardines públicos o a superficies viales de uso público** (artículo 20.Uno.20.º de la LIVA). A tales efectos, se consideran edificables los terrenos calificados como solares por la normativa del suelo y ordenación urbana y por las demás normas urbanística, así como los demás terrenos aptos para la edificación por haber sido autorizada por la correspondiente licencia administrativa.

Eso sí, dicha exención no se extiende a las entregas de los siguientes terrenos, aunque no tengan la condición de edificables:

– Las de terrenos urbanizados o en curso de urbanización, excepto los destinados exclusivamente a parques y jardines públicos o a superficies viales de uso público.

– Las de terrenos en los que se hallen enclavadas edificaciones en curso de construcción o terminadas cuando se transmitan conjuntamente con las mismas y las entregas de dichas edificaciones estén sujetas y no exentas al impuesto. No obstante, estarán exentas las entregas de terrenos no edificables en los que se hallen enclavadas construcciones de carácter agrario indispensables para su explotación y las de terrenos de la misma naturaleza en los que existan construcciones paralizadas, ruinosas o derruidas.

Tanto la exención establecida para las segundas y ulteriores entregas de edificaciones, como la prevista para las entregas de terrenos rústicos y demás no edificables, **pueden ser objeto de renuncia cuando el adquirente sea un sujeto pasivo que actúe en el ejercicio de sus actividades empresariales o profesionales** y se le atribuya el derecho a la deducción total o parcial del IVA soportado en la adquisición o, cuando no cumpliéndose lo anterior, en función de su destino previsible, los bienes adquiridos vayan a ser utilizados, total o parcialmente, en la realización de operaciones, que originen el derecho a la deducción (Apartado dos del artículo 20 de la LIVA).

Por lo demás, cuando la operación tribute por IVA, **el adquirente o comprador será el que deba soportar el impuesto.** Por regla general, el vendedor ingresará el IVA a la Hacienda pública a través de la correspondiente autoliquidación. Sin embargo, si quien compra el inmueble es un empresario o profesional que actúe en el marco de su actividad económica y se aplica el IVA (sea por renuncia a la exención o porque la exención no proceda), en algunos casos podría producirse una inversión del sujeto pasivo del impuesto, que supone que el obligado a declarar la operación y a ingresar el IVA a la Hacienda pública sea el comprador. Es una posibilidad que se contempla en el artículo 84 de la LIVA y que se produciría, por ejemplo: cuando el empresario o profesional que compre el inmueble actuando como tal tuviera derecho a la exención en el IVA y renuncie a ella; cuando el inmueble se le entregue en ejecución de la hipoteca o como consecuencia de un proceso concursal; o bien cuando se transmita con una hipoteca previa y el comprador se subrogue en ella.

Procediendo el IVA, los tipos impositivos a aplicar serán los siguientes:

– Se aplicará un tipo de IVA del **10 %** en las **compraventas de edificios o partes de los mismos aptos para su utilización como viviendas,** incluidas las plazas de garaje, con un máximo de dos unidades, y anexos en ellos situados que se transmitan conjuntamente [artículo 91.Uno.7.º de la LIVA]. No tendrán la consideración de anexos a viviendas los locales de negocio, aunque se transmitan conjuntamente con los edificios o parte de los mismos destinados a viviendas; y no se considerarán edificios aptos para su utilización como viviendas las edificaciones destinadas a su demolición a las que no se aplica la exención en IVA del artículo 20.Uno.22.º de la LIVA.

– Se aplicará un IVA del **4 %** en caso de compraventa de **viviendas calificadas administrativamente como de protección oficial de régimen especial o de promoción pública**, cuando las entregas se efectúen por sus promotores, incluidos los garajes y anexos situados en el mismo edificio que se transmitan conjuntamente; sin que el número de plazas de garaje pueda exceder de dos unidades [artículo 91.Dos.1.6.º de la LIVA]. También se aplica el tipo del 4 % de IVA cuando las viviendas se adquieran por sociedades que apliquen el régimen especial de entidades dedicadas al arrendamiento de vivienda en el Impuesto sobre Sociedades, siempre que a las rentas derivadas de su posterior arrendamiento les sea aplicable la bonificación establecida en el apartado 1 del artículo 49 de la Ley del Impuesto sobre Sociedades; a estos efectos, la entidad adquirente comunicará esta circunstancia al sujeto pasivo con anterioridad al devengo de la operación en la forma que se determine reglamentariamente

– En el **resto de los supuestos** de compraventa de inmuebles, se aplicará el tipo de IVA general, del **21 %**. Por ejemplo, procederá este tipo impositivo en caso de compraventa de solares o locales comerciales; o en la de plazas de garaje a las que no se les pueda aplicar el tipo reducido del 10 %.

CUESTIÓN

¿Qué sucede si la operación se realizase en Canarias, Ceuta o Melilla y procediera el IVA?

Si la vivienda está situada en Canarias, Ceuta o Melilla, la operación no estaría sujeta al IVA, pues esos territorios cuentan con unos impuestos indirectos propios que, en principio, se aplican en lugar del IVA. En Canarias, se aplica el Impuesto General Indirecto Canario (IGIC); y, en Ceuta y Melilla, el Impuesto sobre la Producción, los Servicios y la Importación en las Ciudades de Ceuta y Melilla (IPSI). En su caso, habría que ver si la operación tendría que quedar sujeta a alguno de ellos de acuerdo con la Ley 20/1991, de 7 de junio, de modificación de los aspectos fiscales del Régimen Económico Fiscal de Canarias, y la Ley 8/1991, de 25 de marzo, por la que se aprueba el arbitrio sobre la producción y la importación en las ciudades de Ceuta y Melilla.

RESOLUCIONES ADMINISTRATIVAS

Consulta vinculante de la Dirección General de Tributos (V0071-24), de 15 de febrero de 2024

Asunto: el concepto de primera entrega de edificaciones abarca también ciertos supuestos de uso prudencial, tal y como establece la normativa del IVA.

«(...) el legislador ha querido que el uso de la vivienda durante un plazo prudencial –por lo menos, dos años- agote la primera entrega, pero, a la vez, ha establecido la cautela de que dicho uso no se compute y, por tanto, no agote la primera entrega, cuando se realice por quien será su propietario en última instancia, con el objetivo claro de evitar posibles esquemas de minoración artificial de la base imponible aprovechando indebidamente la exención del arrendamiento.

Ahora bien, debe significarse que el precepto se refiere de forma expresa a uso, entre otros, en virtud de contratos sin opción de compra; quiere ello decir que el uso

en virtud de contratos con opción de compra, por muy dilatados o sucesivos en el tiempo que sean, no pueden agotar nunca la primera entrega. Este último aspecto es de gran importancia, ya que es determinante de que por más contratos que se sucedan de arrendamiento con opción de compra, (...) estos arrendamientos seguirán estando sujetos y no exentos del Impuesto como vía de traslado al consumo final del valor añadido de la promoción inicial».

Consulta vinculante de la Dirección General de Tributos (V3026-14), de 5 de noviembre de 2014

Asunto: requisitos para aplicar tipo de IVA del 10 % en la compraventa de plazas de garaje y de trasteros junto con una vivienda.

«(...) tributarán sobre el Impuesto sobre el Valor añadido al tipo del 10 por ciento las entregas de plazas de garaje que no excedan de dos, cuando se den las siguientes circunstancias:

- Que se transmitan conjuntamente con viviendas situadas en dichos edificios.

- Que se encuentren construidas en el subsuelo que ocupa toda la superficie de las zonas comunes de una promoción inmobiliaria, o en la superficie de dichas zonas comunes.

Se entenderán transmitidas conjuntamente las plazas de garaje y las viviendas cuando la transmisión se efectúe en el mismo acto y simultáneamente. Dicha circunstancia es una cuestión de hecho que podrá probarse por los medios admisibles en derecho.

A tales efectos, será indiferente que las entregas de viviendas y plazas de garaje se documenten o no en una misma escritura pública, o que se documenten mediante escrituras separadas, pues lo relevante, conforme se ha indicado, es que la transmisión se efectúe de forma conjunta.

Con respecto a la situación de las plazas de garaje, es criterio de este Centro Directivo que para que puedan ser consideradas anexos de un edificio de viviendas y tengan el mismo tratamiento que estas, es condición necesaria que se encuentren construidas en la superficie o el subsuelo de la misma parcela que ocupan los edificios y las zonas comunes de una promoción inmobiliaria.

En el caso de que el garaje no se encuentre en el subsuelo del edificio de viviendas, sino en superficie, también se entenderá cumplido el requisito, siempre y cuando el garaje pertenezca a la misma parcela que el edificio de viviendas. Diferente sería el caso en que las plazas de garaje se encontraran en parcelas distintas con accesos independientes de las viviendas y sin vinculación alguna con éstas, en cuyo caso, las entregas de plazas de garaje tributarán al tipo impositivo del 21 por ciento.

Lo anterior es igualmente extrapolable al supuesto de transmisión de trasteros si bien, en este caso, la Ley no fija un límite cuantitativo para la aplicación del tipo reducido del Impuesto. No obstante, hay que señalar que la posibilidad de que se aplique el tipo reducido a la entrega de trasteros está condicionada a que la misma se pueda considerar accesoria a la entrega de la vivienda a la que acompañan, no así en otro caso. Por tanto, en el supuesto de que la citada entrega se pudiera configurar como independiente de la vivienda, o bien que la cantidad de trasteros transmitida no se pudiera considerar accesoria o complementaria de la entrega de la vivienda, los citados trasteros habrían de quedar sujetos igualmente al tipo general del 21 por ciento».

Impuesto sobre Transmisiones Patrimoniales y Actos Jurídicos Documentados (ITPyAJD)

El **ITPyAJD** es un tributo de naturaleza indirecta que grava las transmisiones patrimoniales onerosas, las operaciones societarias y los actos jurídicos documentados. El impuesto se exigirá con arreglo a la verdadera naturaleza jurídica del acto o contrato liquidable, cualquiera que sea la denominación que las partes le hayan dado. Por otra parte, se trata de un impuesto cedido a las comunidades autónomas, por lo que las mismas pueden establecer tipos impositivos diferentes, así como beneficios fiscales para determinados supuestos o colectivos (por ejemplo, la mayoría establecen tipos reducidos, deducciones o bonificaciones en caso de adquisición de vivienda habitual por jóvenes, familias numerosas o personas con discapacidad, o para viviendas de protección oficial, por ejemplo).

Por lo que se refiere a la modalidad de **transmisiones patrimoniales onerosas o ITP,** se consideran sujetas al impuesto las transmisiones onerosas por actos *inter vivos* de toda clase de bienes y derechos que integren el patrimonio de las personas físicas o jurídicas, así como la constitución de derechos reales, préstamos, fianzas, arrendamientos, pensiones y concesiones administrativas (con las salvedades previstas en la norma del impuesto). Ahora bien, según el apartado 5 del artículo 7 del Real Decreto legislativo 1/1993, de 24 de septiembre, por el que se aprueba el Texto refundido de la Ley del Impuesto sobre Transmisiones Patrimoniales y Actos Jurídicos Documentados (en adelante, LITPyAJD) no estarán sujetas al concepto TPO dichas operaciones cuando, con independencia de la condición del adquirente, los transmitentes sean empresarios o profesionales en el ejercicio de su actividad económica y, en cualquier caso, cuando constituyan entregas de bienes o prestaciones de servicios sujetas al IVA. Ahora bien, quedarán sometidos a dicho concepto impositivo las **entregas de inmuebles cuando gocen de exención en el IVA;** y también las entregas de inmuebles incluidos en la transmisión de un patrimonio empresarial o profesional, cuando por las circunstancias concurrentes la transmisión de este patrimonio no quede sujeta al IVA. Igualmente, se aplicará este impuesto en las compraventas de inmuebles cuando el **vendedor no tenga la consideración de empresario o profesional actuando como tal a los efectos del IVA.**

A TENER EN CUENTA. La base imponible del ITP, en el caso de inmuebles será el valor de referencia previsto en la normativa reguladora del Catastro inmobiliario, a la fecha de devengo del impuesto. Ahora bien, si el valor del inmueble declarado por los interesados, el precio pactado o ambos son superiores a su valor de referencia, se tomará como base imponible la mayor de estas magnitudes. Cuando no exista valor de referencia o este no pueda ser certificado por la Dirección General del Catastro, la base imponible, sin perjuicio de la comprobación administrativa, será la mayor de las siguientes magnitudes: el valor declarado por los interesados, el precio o contraprestación pactada o el valor de mercado. Así lo establece el apartado 2 del artículo 10 de la LITPyAJD.

Por otra parte, en los casos en los que la compraventa se realice en escritura pública, hay que tener en cuenta otra de las modalidades del ITPyAJD, la de actos jurídicos documentados. En concreto, la modalidad de **actos jurídicos documentados por documentos notariales**. Esta modalidad del impuesto somete a gravamen las escrituras, actas y testimonios notariales que reúnan una serie de requisitos; y se satisface mediante una cuota fija y una cuota variable (artículo 31 de la LITPyAJD):

- **Cuota fija**. Las matrices y las copias de las escrituras y actas notariales, así como los testimonios, se extenderán en papel timbrado de 0,30 euros por pliego o 0,15 euros por folio, a elección del fedatario. Las copias simples no estarán sujetas al impuesto; pero esta cuota fija también se aplicará a la segunda y sucesivas copias expedidas a nombre de un mismo otorgante.

- **Cuota variable o gradual**. Las primeras copias de escrituras y actas notariales, cuando tengan por objeto cantidad o cosa valuable, contengan actos o contratos inscribibles en los registros de la propiedad, mercantil, de la propiedad industrial y de bienes muebles no sujetos al ISD o a los conceptos comprendidos en las modalidades de transmisiones patrimoniales onerosas o de operaciones societarias del ITPyAJD, tributarán, además, al tipo de gravamen que, conforme a lo previsto en la Ley 21/2001, de 27 de diciembre, por la que se regulan las medidas fiscales y administrativas del nuevo sistema de financiación de las Comunidades Autónomas de régimen común y Ciudades con Estatuto de Autonomía, haya sido aprobado por la comunidad autónoma. Si la comunidad autónoma no hubiese aprobado el tipo a que se refiere el párrafo anterior, se aplicará el 0,50 %, en cuanto a tales actos o contratos.

Por lo tanto, los requisitos para que proceda la cuota variable o gradual son cuatro:

- Que se trate de primeras copias de escrituras y actas notariales.

- Que tengan por objeto cantidad o cosa valuable.

- Que contengan actos o contratos inscribibles en los registros de la propiedad, mercantil, de la propiedad industrial y de bienes muebles. En ese sentido, la **sentencia del Tribunal Supremo de 25 de abril de 2013, recurso n.º 5699/2010, ECLI:ES:TS:2013:2200**, señala que «la inscribilidad debe entenderse como acceso a los Registros, en el sentido de que basta con que el documento sea susceptible de inscripción, siendo indiferente el que la inscripción efectiva no llegue a producirse, o que la inscripción sea obligatoria o voluntaria, incluso que la inscripción haya sido denegada por el registrador por defectos formales». Añadiendo la **STS de 13 de septiembre de 2013, recurso n.º 4600/2012, ECLI:ES:TS:2013:4608**, que «sentada la existencia de la contradicción, no podemos compartir el criterio que sienta la sentencia impugnada, ya que a efectos del hecho imponible del Impuesto sobre Actos Jurídicos Documentados, cuota variable, documentos notariales, no es necesario que el acto o negocio se inscriba, bastando que sea inscribible, al devengarse el día en que se formaliza el acto, siendo la instrumentalización el objeto del impuesto y no el negocio jurídico».

– Que no sean actos sujetos al ISD o a los conceptos comprendidos en los números 1 y 2 del artículo 1 de la LITPyAJD (modalidades de transmisiones patrimoniales onerosas y de operaciones societarias del impuesto).

Por lo tanto, cuando la transmisión se formalice en documento notarial, se aplicará siempre la cuota fija de la modalidad de AJD, pero **la cuota variable solo procederá cuando la compraventa no estuviera sujeta al ITP**. O, lo que es lo mismo, se pagará la cuota variable si la adquisición estuviera gravada por el IVA.

En las primeras copias de escrituras públicas de compraventa, la base imponible será el valor declarado, sin perjuicio de la comprobación administrativa (artículo 30.1 de la LITPyAJD). Si la base imponible se determina en función del valor de inmuebles, el valor de estos no podrá ser inferior al determinado conforme al artículo 10 de la LITPyAJD (para la modalidad de TPO).

El adquirente será el que deba hacerse cargo del ITP por la transmisión de la propiedad y, en su caso, de las cuotas que procedan por la modalidad de AJD. Tendrá que presentar la correspondiente declaración por el impuesto y proceder a su ingreso a la Hacienda pública autonómica que corresponda al lugar donde radique el inmueble. Así resulta de los artículos 8.a), 29 y 51 de la LITPyAJD.

A TENER EN CUENTA. Dado que el ITPyAJD es un impuesto cedido a las CC. AA., habrá que acudir a la normativa propia de cada región para ver qué concretos tipos impositivos se aplicarán o si se contemplan beneficios fiscales que puedan resultar de aplicación en determinados casos o para ciertos colectivos. Igualmente, a nivel estatal se recogen una serie de exenciones en el artículo 45 de la LITPyAJD (por ejemplo, en caso de viviendas de protección oficial), cuya consulta recomendamos.

RESOLUCIÓN ADMINISTRATIVA

Consulta vinculante de la Dirección General de Tributos (V1656-24), de 8 de julio de 2024

Asunto: coordinación del tratamiento en IVA e ITPyAJD en caso de venta de viviendas por el promotor.

«(...) la posterior transmisión onerosa del inmueble estará sujeta a la modalidad de transmisiones patrimoniales onerosas del ITPAJD, por el concepto de transmisión onerosa cuando tal transmisión no esté sujeta al Impuesto sobre el Valor Añadido o, si lo está, esté exenta de dicho impuesto. En el caso de que la entrega del bien en cuestión estuviese sujeta y no exenta del Impuesto sobre el Valor Añadido y no sujeta en consecuencia a la modalidad transmisiones patrimoniales onerosas del ITPAJD, si la citada operación se documentase en escritura pública, ello supondría la sujeción a la cuota variable del Documento Notarial de la modalidad actos jurídicos documentados del ITPAJD, en virtud del artículo 31.2 del TRLITPAJD».

Impuesto sobre la Renta de las Personas Físicas (IRPF)

El IRPF es un impuesto de carácter personal y directo que grava, según los principios de igualdad, generalidad y progresividad, la renta de las personas físicas de acuerdo con su naturaleza y sus circunstancias personales y familiares.

En el caso de que el **transmitente sea una persona física** y deba tributar por este impuesto, la transmisión del inmueble tendrá la consideración de ganancia o pérdida patrimonial a los efectos de su IRPF. En este sentido, el artículo 33.1 de la Ley 35/2006, de 28 de noviembre, del Impuesto sobre la Renta de las Personas Físicas y de modificación parcial de las leyes de los Impuestos sobre Sociedades, sobre la Renta de no Residentes y sobre el Patrimonio (LIRPF) establece que «**son ganancias y pérdidas patrimoniales las variaciones en el valor del patrimonio del contribuyente que se pongan de manifiesto con ocasión de cualquier alteración en la composición de aquél**, salvo que por esta Ley se califiquen como rendimientos».

El importe de la ganancia o pérdida patrimonial generada será la diferencia entre los valores de adquisición y de transmisión, de acuerdo con lo dispuesto en el artículo 34 de la LIRPF. Por su parte, el artículo 35 de la LIRPF dispone:

> «1. El valor de adquisición estará formado por la suma de:
> a) El importe real por el que dicha adquisición se hubiera efectuado.
> b) El coste de las inversiones y mejoras efectuadas en los bienes adquiridos y los gastos y tributos inherentes a la adquisición, excluidos los intereses, que hubieran sido satisfechos por el adquirente.
> En las condiciones que reglamentariamente se determinen, este valor se minorará en el importe de las amortizaciones.
> 2. El valor de transmisión será el importe real por el que la enajenación se hubiese efectuado. De este valor se deducirán los gastos y tributos a que se refiere la letra b) del apartado 1 en cuanto resulten satisfechos por el transmitente.
> Por importe real del valor de enajenación se tomará el efectivamente satisfecho, siempre que no resulte inferior al normal de mercado, en cuyo caso prevalecerá éste».

> **A TENER EN CUENTA.** Cuando la adquisición o la transmisión hubiera sido a título lucrativo se aplicarán las reglas del artículo que acaba de citarse, tomando por importe real de los valores respectivos aquellos que resulten de la aplicación de las normas del Impuesto sobre Sucesiones y Donaciones, sin que puedan exceder del valor de mercado (artículo 36 de la LIRPF).

A su vez, el artículo 40 del RIRPF señala que:

> «1. El valor de adquisición de los elementos patrimoniales transmitidos se minorará en el importe de las amortizaciones fiscalmente deducibles, computándose en todo caso la amortización mínima, con independencia de la efectiva consideración de ésta como gasto.

A estos efectos, se considerará como amortización mínima la resultante del período máximo de amortización o el porcentaje fijo que corresponda, según cada caso.

2. Tratándose de la transmisión de elementos patrimoniales afectos a actividades económicas, se considerará como valor de adquisición el valor contable, teniendo en cuenta las amortizaciones que hubieran sido fiscalmente deducibles, sin perjuicio de la amortización mínima a que se refiere el apartado anterior. Cuando los elementos patrimoniales hubieran sido afectados a la actividad después de su adquisición y con anterioridad al 1 de enero de 1999, se tomará como fecha de adquisición la que corresponda a la afectación».

Así, para calcular el valor de adquisición se atenderá al **valor real de la misma, al que se añadirán las inversiones y mejoras, así como los gastos y tributos que se abonasen para su adquisición**. Pero dicho valor debe minorarse con las amortizaciones que, en su caso, se hayan podido realizar (por ejemplo, cuando se vende un inmueble que ha sido previamente alquilado, y se han realizado las pertinentes amortizaciones del inmueble por dicho arrendamiento en el IRPF). Por otro lado, el **valor de la transmisión será el que realmente se abone, excepto que este se encuentre por debajo del precio de mercado, en cuyo caso se atenderá a ese último**; de él **se deducirán los gastos y tributos** inherentes a la transmisión satisfechos por el transmitente.

Con todo, la normativa del impuesto establece ciertos **beneficios fiscales que podrán resultar de aplicación en determinados casos**, de modo que la tributación por la ganancia se reduzca en todo o en parte. Algunos de los más interesantes son la **exención por reinversión en vivienda habitual** (que excluye de gravamen las ganancias patrimoniales obtenidas por la transmisión de la vivienda habitual del contribuyente, siempre que el importe total obtenido por la transmisión se reinvierta en la adquisición de una nueva vivienda habitual en determinadas condiciones, se regula en los artículos 38.1 de la LIRPF y 41 del RIRPF) y la exención por transmisión de la vivienda habitual por mayores de 65 años o personas en situación de dependencia severa o gran dependencia [artículos 33.4.b) de la LIRPF y 41 bis del RIRPF].

RESOLUCIÓN ADMINISTRATIVA

Consulta vinculante de la Dirección General de Tributos (V1708-24), de 11 de julio de 2024

Asunto: determinación del importe de la ganancia patrimonial por venta de un inmueble que el transmitente adquirió en su día por herencia.

«(...) el valor de adquisición del bien recibido por herencia estará constituido por la suma de:

a) El valor que, por aplicación de las normas del Impuesto sobre Sucesiones y Donaciones le corresponda a dicho bien de acuerdo con el porcentaje heredado, sin que pueda exceder del valor de mercado.

b) La parte de la cuota satisfecha por el consultante por el Impuesto sobre Sucesiones y Donaciones que proporcionalmente corresponda a dicho bien, y de acuerdo con el porcentaje heredado por éste, más los gastos y otros tributos inherentes a la adquisición, excluidos los intereses, que hubieran sido satisfechos por el adquirente.

El valor de transmisión será el importe real por el que se hubiera efectuado la transmisión, siempre que no resulte inferior al valor de mercado, del que se deducirán los gastos y tributos inherentes a la transmisión que hubieran sido satisfechos por la transmitente.

Como gastos inherentes a la transmisión se incluyen, entre otros, gastos de notaría, en su caso registro, gestoría, comisiones por la intermediación en la venta e Impuesto sobre el Incremento del Valor de Terrenos de Naturaleza Urbana.

Tratándose de una cuestión de hecho el consultante habrá de poder justificar debidamente, en su momento, tanto los valores que estime como valores de mercado como los citados gastos por cualquier medio de prueba admitido en Derecho, según dispone el artículo 106 de la Ley 58/2003, de 17 de diciembre, General Tributaria, ante los órganos de gestión e inspección de la Administración Tributaria, a los que corresponderá su oportuna valoración a requerimiento de los mismos».

Impuesto sobre Sociedades (IS)

El Impuesto sobre Sociedades es un tributo de carácter directo y naturaleza personal que grava la renta de las sociedades y demás entidades jurídicas de acuerdo con lo previsto en la Ley 27/2014, de 27 de noviembre, del Impuesto sobre Sociedades (LIS). La base imponible de este impuesto estará constituida por el importe de la renta obtenida en el período impositivo minorada por la compensación de bases imponibles negativas de períodos impositivos anteriores. En el método de estimación directa, que será el aplicable cuando la actividad económica consista en la venta de inmuebles, la base imponible se calculará, corrigiendo conforme a lo establecido en la LIS, el resultado contable determinado de acuerdo con las normas previstas en el Código de Comercio, en las demás leyes relativas a dicha determinación y en las disposiciones que se dicten en desarrollo de las citadas normas (artículo 10 de la LIS). Así, cuando el transmitente sea sujeto pasivo del IS, tributará en dicho impuesto por la ganancia o pérdida que le suponga la transmisión del inmueble.

Impuesto sobre la Renta de No Residentes (IRNR)

El IRNR es un tributo directo que grava la renta obtenida en territorio español por las personas físicas y entidades que no residan en él. Se rige por lo establecido en el Real Decreto Legislativo 5/2004, de 5 de marzo, por el que se aprueba el texto refundido de la Ley del Impuesto sobre la Renta de no Residentes (LIRNR); y en su reglamento, aprobado por el Real Decreto 1776/2004, de 30 de julio (RIRNR). Unas normas que, por lo demás, tendrán que aplicarse en consonancia con lo que establezcan los convenios o tratados internacionales para evitar la doble imposición celebrados por España.

En particular, son contribuyentes por este impuesto:

- Las personas físicas y entidades no residentes en territorio español que obtengan rentas en él, salvo que sean contribuyentes por el IRPF.
- Las personas físicas que sean residentes en España por alguna de las circunstancias previstas en el artículo 9.2 de la LIRPF.

– Las entidades en régimen de atribución de rentas constituidas en el extranjero que realicen una actividad económica en territorio español, y toda o parte de dicha actividad se desarrolle (de forma continuada o habitual) mediante instalaciones o lugares de trabajo de cualquier índole, o actúen a través de un agente autorizado para contratar, en nombre y por cuenta de la entidad.

En general, y por lo que aquí interesa, los convenios internacionales suscritos por España con otros países establecen que las ganancias derivadas de la venta de inmuebles situados en territorio español pueden someterse a tributación en España. Por lo que, si **el vendedor es un no residente** en los términos señalados, tendrá que tributar por la ganancia o pérdida patrimonial que le suponga la compraventa en el IRNR.

En ese sentido, el artículo 25.2 de la LIRNR determina que, cuando se trate de la transmisión de un inmueble radicado en territorio español por contribuyentes que actúen sin establecimiento permanente, **el adquirente estará obligado a retener e ingresar a cuenta del IRNR el 3 % o a efectuar el ingreso a cuenta correspondiente**, de la contraprestación acordada, en concepto de pago a cuenta del impuesto correspondiente a aquellos.

Con todo, el comprador no tendrá obligación de retener o realizar el ingreso a cuenta en los siguientes dos casos (artículo 14 del RIRNR):

– Cuando el transmitente acredite su sujeción al IRPF o al IS mediante certificación expedida por el órgano competente de la Administración tributaria.

– En los casos de aportación de bienes inmuebles, en la constitución o aumento de capitales de sociedades residentes en territorio español.

Sin perjuicio de las sanciones que pudieran corresponder por la infracción en que se hubiera incurrido, si la retención o el ingreso a cuenta no se hubieran ingresado, los bienes transmitidos quedarán afectos al pago del importe que resulte menor entre dicha retención o ingreso a cuenta y el impuesto correspondiente.

CUESTIÓN

¿A través de qué modelo ingresará el adquirente la retención a cuenta del IRNR en los casos en los que deba practicarse?

Dicha retención se ingresará a través del modelo 211, «Impuesto sobre la Renta de no Residentes. Retención en la adquisición de inmuebles a no residentes sin establecimiento permanente», aprobado por la Orden EHA/3316/2010, de 17 de diciembre.

Impuesto sobre el Incremento de Valor de los Terrenos de Naturaleza urbana (IIVTNU)

El Impuesto sobre el Incremento de Valor de los Terrenos de Naturaleza Urbana o «plusvalía municipal» es un tributo que debe pagarse como consecuencia del incremento de valor que experimenten los terrenos urbanos y que se ponga de manifiesto como consecuencia de la transmisión de su propiedad o de la constitución o transmisión de cualquier derecho real de goce, limitativo del dominio, sobre ellos. Se regula en los artículos 104 y siguientes del Real decreto legislativo 2/2004, de 5 de marzo, por el que se aprueba el texto refundido de la Ley Reguladora de las Haciendas Locales (en adelante, LRHL).

A modo de aproximación, tendrán que darse dos condiciones simultáneas para que surja la obligación de pagar este impuesto:

– Que se produzca un incremento del valor de terrenos que tengan la consideración de urbanos a los efectos del IBI, con independencia de que estén o no contemplados como tales en el catastro o en el padrón. Asimismo, también estará sujeto a la «plusvalía» el aumento de valor que experimenten los terrenos integrados en los inmuebles clasificados como de características especiales a efectos del IBI. Quedan excluidos del ámbito de aplicación de este impuesto los inmuebles que tengan la consideración de rústicos a efectos del IBI.

– Que ese incremento se ponga de manifiesto como consecuencia de una transmisión de esos inmuebles o de la constitución o transmisión de derechos reales sobre ellos, incluyéndose aquellos casos en los que la transmisión se produce a título oneroso y a título gratuito o lucrativo.

Con todo, no existirá sujeción a la «plusvalía» en las transmisiones de terrenos con respecto a los cuales se constate que no existe incremento de valor por diferencia entre los valores en las fechas de transmisión y adquisición. Además, la normativa establece otros supuestos en los que no procederá este gravamen y determinadas exenciones, bonificaciones u otras particularidades.

Por lo demás, el IIVTNU es un impuesto que se gestiona a nivel municipal, por lo que debe liquidarse teniendo en cuenta las previsiones que, en su caso, establezcan las correspondientes ordenanzas fiscales. Normalmente, debe liquidarse ante el ayuntamiento de la localidad en la que esté situado el inmueble urbano; pero, en ocasiones, la gestión, liquidación, inspección y recaudación de este impuesto puede haberse delegado en la comunidad autónoma o en otras entidades locales en cuyo territorio estén integradas (artículo 7 de la LRHL). El plazo de presentación de la «plusvalía» en caso de compraventa será de 30 días hábiles, a contar desde la fecha de la transmisión [artículos 109.1.a) y 110.2.a) de la LRHL].

En términos generales, el sujeto pasivo de este impuesto en las compraventas de inmuebles urbanos será el **vendedor o transmitente** [artículo 106 de la LRHL]. Ahora bien, esa **responsabilidad se trasladará al adquirente cuando el vendedor sea una persona física no residente en España**. Es decir, en tal supuesto, la obligación de pagar la «plusvalía» pasaría al comprador, como sustituto del contribuyente.

CUESTIÓN

¿Cuál es la base imponible de la «plusvalía municipal»? ¿Y el tipo de gravamen?

La base imponible del impuesto vendrá dada por el incremento del valor de los inmuebles urbanos puesto de manifiesto en el momento del devengo y experimentado a lo largo de un período máximo de 20 años; se determinará en la forma que regula la LRHL (artículo 107 de la LRHL). En principio, se hará multiplicando el valor del terreno en el momento del devengo (normalmente el que tenga determinado a efectos del IBI, aunque con particularidades en ciertos casos y posibilidad de que existan coeficientes reductores) por el coeficiente que corresponda al período de generación (que será el número de años a lo largo de los cuales se haya puesto de manifiesto el incremento de valor). No obstante, cuando, a instancia del sujeto pasivo, se constate que el importe del incremento de valor es inferior a la base imponible determinada según lo señalado, se tomará como base imponible el importe de dicho incremento de valor.

El tipo de gravamen será el que fije cada ayuntamiento, sin que pueda exceder del 30 %. Dentro de ese límite, a nivel municipal podrá establecerse un solo tipo de gravamen o uno para cada uno de los períodos de generación del incremento de valor, conforme al artículo 108 de la LRHL.

Impuesto sobre Bienes Inmuebles (IBI)

No se trata de un impuesto que se devengue por la compraventa en sí, sino que el IBI es un impuesto periódico que grava la titularidad de ciertos derechos sobre los bienes inmuebles rústicos y urbanos y sobre los inmuebles de características especiales. Como en el caso del IIVTNU, el IBI se gestiona a nivel municipal. Se regula en los artículos 60 a 77 de la LRHL.

El hecho imponible de este impuesto es la titularidad de una concesión administrativa sobre los propios inmuebles o sobre los servicios públicos a que se hallen afectos; de un derecho real de superficie; de un derecho real de usufructo; o del derecho de propiedad sobre ellos. La sujeción al impuesto se producirá por el orden indicado; de forma que, por ejemplo, si sobre un inmueble existe un usufructo, será el usufructuario el que deba tributar por el IBI, no el propietario.

El IBI es un impuesto periódico, esto es, cuyo hecho imponible se produce de forma recurrente en el tiempo. Su período impositivo coincide con el año natural y su devengo, justamente, tiene lugar el primer día del año natural (artículo 75 de la LRHL). Por otra parte, los negocios jurídicos que deban comunicarse al Catastro (como la compraventa) tienen efectividad en el devengo del IBI inmediatamente posterior al momento en el que se produzca el cambio catastral. Por lo tanto, **la regla general es que deba pagar el IBI quien figure como titular a 1 de enero; aunque las partes, al celebrar el contrato de compraventa, pueden acordar otra cosa**. Por ejemplo, puede establecerse que el IBI de ese año se pague por el comprador y el vendedor a prorrata, en proporción al tiempo en el que cada uno fue propietario, o que se estipule otra cosa.

Ahora bien, lo cierto es que el Tribunal Supremo ha establecido que, **en ausencia de pacto entre las partes, el vendedor podrá repercutirlo sobre el comprador en proporción al tiempo que cada uno haya sido propietario**. En concreto, fijó ese criterio en su **sentencia n.º 409/2016, de 15 de junio, ECLI:ES:TS:2016:2886**; sobre la base del artículo 63.2 de la LRHL, que permite al sujeto pasivo del IBI repercutir a otro la carga tributaria soportada conforme a las normas de derecho común. Unas normas que, en este caso, serían las que rigen el contrato de compraventa, contenidas en el Código Civil, en virtud de la cuales el comprador debe considerarse como propietario desde el momento de la entrega de la vivienda. Aunque, evidentemente, todo ello sin perjuicio de que las partes puedan pactar que no quepa la repercusión.

Por lo demás, con respecto a este impuesto es importante destacar que, como se trata de un tributo de cobro periódico por recibo, una vez notificada la liquidación correspondiente al alta en el respectivo registro, padrón o matrícula, podrán notificarse colectivamente las sucesivas liquidaciones mediante edictos que así lo adviertan (artículo 102.3 de la LGT). Por tanto, la Administración tributaria debe notificar el primer año al nuevo propietario, sin que exista obligación de realizar notificación individualizada al contribuyente del impuesto el resto de los ejercicios, bastando la remisión de las cartas de pago. Eso sí, tal y como señala la consulta vinculante de la DGT (V1627-24), de 3 de julio de 2024, «el aumento de la base imponible del impuesto (aumento del valor catastral) también debe ser objeto de notificación individualizada al contribuyente, con expresión concreta de los hechos y elementos que lo motiven, excepto cuando la modificación de la base imponible provenga de revalorizaciones de carácter general autorizadas por las leyes (como es el caso de las actualizaciones del valor catastral llevadas a cabo por las sucesivas leyes de Presupuestos Generales del Estado)».

A TENER EN CUENTA. Cuando un inmueble se transmita por compraventa y existan deudas por este impuesto pendientes de años anteriores, el adquirente tendrá que responder de las deudas del IBI pendientes de cobro de ejercicios no prescritos, en los términos y condiciones que resultan del artículo 64.1 de la LRHL (que afecta el inmueble al pago de determinado modo) y el artículo 78 de la LGT (que regula la denominada «hipoteca legal tácita»). Esta cuestión se estudia en detalle en el caso práctico titulado «Responsabilidad del comprador por las deudas del IBI pendientes de años anteriores a la compraventa», por lo que nos remitimos a él para conocer el concreto régimen y alcance de esa responsabilidad.

13.1. Tributación de los contratos relacionados con la compraventa inmobiliaria

A continuación, se verá la fiscalidad básica de algunos contratos que pueden estar relacionados con la compraventa inmobiliaria. En concreto, de los siguientes:

- El contrato de reserva o arras.
- El contrato privado de compraventa.
- El contrato de opción de compra.
- El contrato de cesión de derechos.

Fiscalidad del contrato de arras para la reserva del inmueble

La reserva del inmueble se materializa normalmente a través de un contrato de arras en el que se entrega una determinada cantidad como señal, normalmente a cuenta del precio de compra.

Desde el punto de vista de la tributación indirecta, el tratamiento fiscal de estas arras dependerá de la vía por la que deba tributar la compraventa en sí (IVA o ITP), ya que se considera que el importe entregado en concepto de arras constituye una parte del precio de la futura compraventa, como un pago anticipado.

- **Compraventa que deba tributar por IVA**, por no resultar de aplicación ninguna exención del IVA (por ejemplo, en caso de primera entrega de vivienda realizada por el promotor) o haberse renunciado a la exención. Las arras estarán sujetas al IVA, al tipo impositivo que corresponda a la futura compraventa, y deberá emitirse la oportuna factura. No en vano, según el artículo 75.Dos de la LIVA, «en las operaciones sujetas a gravamen que originen pagos anticipados anteriores a la realización del hecho imponible el impuesto se devengará en el momento del cobro total o parcial del precio por los importes efectivamente percibidos». Así lo confirma, por ejemplo, la consulta vinculante de la DGT (V0728-21), de 26 de marzo de 2021. Si al final no llegase a celebrarse la compraventa, habría que emitir una factura rectificativa.

> **A TENER EN CUENTA.** Como regla general, el sujeto pasivo del IVA en las compraventas inmobiliarias será el vendedor. Sin embargo, cuando el adquirente sea un empresario o profesional que actúe en el marco de su actividad económica y se aplique el IVA (sea por renuncia a la exención o porque la exención no proceda), en algunos casos podría producirse una inversión del sujeto pasivo del impuesto, que supone que el obligado a declarar la operación y a ingresar el IVA a la Hacienda pública sea el comprador. Es una posibilidad que se contempla en el artículo 84 de la LIVA y que se produciría, por ejemplo: cuando el empresario o profesional que compre la edificación actuando como tal tuviera derecho a la exención en el IVA y se renuncie a ella; cuando el inmueble se le entregue en ejecución de la hipoteca o como consecuencia de un proceso concursal; o bien cuando se transmita con una hipoteca previa y el comprador se subrogue en ella.

- **Compraventa que deba tributar por ITP**. Según el artículo 49 de la LITPyAJD, el ITP se devenga el día en que se realice el acto o contrato gravado; entendiéndose que toda adquisición de bienes cuya efectividad se halle suspendida por la concurrencia de una condición, un término, un fideicomiso o cualquiera otra limitación, se realiza siempre el día en el que dichas limitaciones desaparezcan. Por otra parte, el hecho imponible del ITP está constituido, a tenor del artículo 7 de la LITPyAJD, por «las transmisiones onerosas por actos "inter vivos" de toda clase de bienes y derechos que integren el patrimonio de las personas físicas o jurídicas»; y el artículo 7.5 de la misma norma establece que quedan sujetas a esta modalidad del impuesto, entre otras, «las entregas o arrendamientos de bienes inmuebles, así como la constitución y transmisión de derechos reales de uso y disfrute que recaigan sobre los mismos, cuando gocen de exención en el Impuesto sobre el Valor Añadido». Así las cosas, suele considerarse que no concurre el presupuesto de hecho previsto en la norma para configurar el hecho imponible del ITP hasta el momento en el que se produce la entrega del inmueble [consulta vinculante de la Dirección General de Tributos (V1712-17), de 3 de julio de 2017].

Por otra parte, cuando las arras se otorguen en documento notarial, cabría plantearse su posible tributación por la **modalidad de actos jurídicos documentados, documentos notariales, del ITPyAJD**. Siguiendo el artículo 31 de la LITPyAJD, procederá la cuota fija, pero la cuota variable solo se aplicará cuando concurran los requisitos que exige el apartado 2 del precepto, a cuyo tenor: «Las primeras copias de escrituras y actas notariales, cuando tengan por objeto cantidad o cosa valuable, contengan actos o contratos inscribibles en los Registros de la Propiedad, Mercantil, de la Propiedad Industrial y de Bienes Muebles no sujetos al Impuesto sobre Sucesiones y Donaciones o a los conceptos comprendidos en los números 1 y 2 del artículo 1 de esta Ley, tributarán, además, al tipo de gravamen que, conforme a lo previsto en la Ley 21/2001, de 27 de diciembre, por la que se regulan las medidas fiscales y administrativas del nuevo sistema de financiación de las Comunidades Autónomas de régimen común y Ciudades con Estatuto de Autonomía, haya sido aprobado por la Comunidad Autónoma. (...)». Por lo tanto, la tributación por dicha cuota, dado que no existe sujeción al ITP y que el documento tendría contenido económico, dependerá de que el contenido de la escritura o acta notarial sea inscribible en el registro de la propiedad.

En ese sentido, el artículo 2 de la LH determina qué actos o contratos tendrán acceso al registro de la propiedad, en los siguientes términos:

«En los Registros expresados en el artículo anterior se inscribirán:

Primero. Los títulos traslativos o declarativos del dominio de los inmuebles o de los derechos reales impuestos sobre los mismos.

Segundo. Los títulos en que se constituyan, reconozcan, transmitan, modifiquen o extingan derechos de usufructo, uso, habitación, enfiteusis, hipoteca, censos, servidumbres y otros cualesquiera reales.

Tercero. Los actos y contratos en cuya virtud se adjudiquen a alguno bienes inmuebles o derechos reales, aunque sea con la obligación de transmitirlos a otro o de invertir su importe en objeto determinado.

Cuarto. Las resoluciones judiciales en que se declaren la ausencia o el fallecimiento o afecten a la libre disposición de bienes de una persona, y las resoluciones a las que se refiere el párrafo segundo del artículo 755 de la Ley de Enjuiciamiento Civil. Las inscripciones de resoluciones judiciales sobre medidas de apoyo realizadas en virtud de este apartado se practicarán exclusivamente en el Libro sobre administración y disposición de bienes inmuebles.

Quinto. Los contratos de arrendamiento de bienes inmuebles, y los sub-arriendos, cesiones y subrogaciones de los mismos.

Sexto. Los títulos de adquisición de los bienes inmuebles y derechos reales que pertenezcan al Estado, o a las corporaciones civiles o eclesiásticas, con sujeción a lo establecido en las leyes o reglamentos».

Así las cosas, en el caso de que se otorgue un acta de depósito notarial para la entrega de arras penitenciales, según la **consulta vinculante de la DGT (V1712-17), de 3 de julio de 2017**, el acta no tendría carácter inscribible con carácter general, al carecer de transcendencia real y limitarse a una mera obligación entre las partes. Ahora bien, en el concreto supuesto del acta notarial de depósito de arras penitencias a la que se refiere el artículo 621-8.3 del libro sexto del Código Civil de Cataluña (Ley 3/2017, de 15 de febrero) el acta sí tendría acceso al registro de la propiedad y existiría sujeción a la cuota variable de AJD, tanto si se pacta la inscripción como si se establece el pacto de no inscribir; dado que ese precepto establece que «en la compraventa de inmuebles, la entrega de arras penitenciales pactadas por un plazo máximo de seis meses y depositadas ante notario puede hacerse constar en el Registro de la Propiedad y, en este caso, el inmueble queda afecto a su devolución».

Finalmente, la cantidad que se quede una de las partes, como consecuencia del incumplimiento del contrato de arras por parte de la otra, constituirá una ganancia patrimonial para el que adquiere las arras y una pérdida patrimonial para quien las debe entregar, que deberá declararse en IRPF o IS, en función de por cual corresponda tributar al sujeto pasivo.

RESOLUCIONES ADMINISTRATIVAS

Consulta vinculante de la Dirección General de Tributos (V1119-24), de 23 de mayo de 2024

Asunto: tratamiento en el IRPF de la pérdida de las arras cuando no llega a celebrarse el contrato de compraventa.

«(...) esta Dirección general —en un supuesto similar al ahora planteado: pérdida de arras en contrato de compraventa— viene manteniendo el criterio (consultas V2424-06, V1266-07, V0598-08 o V2359-17, entre otras) de que la pérdida de arras o señal (indemnización o compensación desde la posición del vendedor) constituye una variación en el valor del patrimonio del contribuyente (pérdida patrimonial) que no deriva de la transmisión de un elemento patrimonial, pérdida patrimonial que, desde su consideración como renta general, procederá integrar en la base imponible general (artículos 45 y 48 de la Ley del Impuesto), criterio que procede entender también aplicable en el presente caso: pérdida del depósito constituido para pujar en una subasta judicial.

A la imputación temporal de las ganancias patrimoniales se refiere el artículo 14.1: c) de la Ley del Impuesto estableciendo como regla general que "se imputarán al período impositivo en que tenga lugar la alteración patrimonial"».

Resolución del Tribunal Económico-Administrativo Central n.º 7848/2008, de 8 de febrero de 2011

Asunto: tratamiento en IVA de las arras.

«La entrega de arras con ocasión de la formalización de un compromiso de compraventa futura es una operación sujeta y no exenta al IVA. La entrega de las arras, *en su condición de pago a cuenta del precio de la operación, constituye un pago anticipado y el impuesto correspondiente al mismo resulta exigible cuando se abona. En caso de posterior incumplimiento por cualquiera de las partes de su compromiso, las arras responden a la finalidad de indemnizar a la otra parte del perjuicio causado y no constituyen retribución de una prestación ni forman parte de la base imponible.*

Sentencia del TJCE de 18 de julio de 2007, asunto C-277/05, Société thermale: El TJCE únicamente considera posible calificar las arras de contraprestación sujeta al IVA, cuando exista un vínculo directo entre un servicio distinto del compromiso futuro y la contraprestación recibida, no apreciando dicho vínculo en el caso que analiza, pues el pago de arras por el cliente y la obligación del empresario de no contratar con un tercero no pueden considerarse prestaciones recíprocas, pues la obligación de respetar el compromiso que se asume no deriva de otro acuerdo especialmente realizado para este fin, ni del establecimiento de arras, sino que emana directamente del propio compromiso. Por tanto, en caso de incumplimiento, las arras sirven para indemnizar a la otra parte, indemnización que no constituye la retribución de una prestación y no forma parte de la base imponible del IVA».

Consulta vinculante de la Dirección General de Tributos (V0517-08), de 7 de abril de 2008

Asunto: tratamiento en IVA de la indemnización por resolución de un contrato de compraventa, reteniendo la parte vendedora determinadas cantidades en concepto de penalización.

«Respecto de las cantidades retenidas en concepto de penalización, resultan de interés los criterios fijados por el Tribunal de Justicia de las Comunidades Europeas en la sentencia de 18 de julio de 2007, Asunto C-277/05, planteado por la Societé thermale d'Eugénie-Les-Bains contra Ministre de l'Economie, des Finances et de l'Industrie, acerca de la sujeción al Impuesto sobre el Valor Añadido (en lo sucesivo, "IVA"), de las arras percibidas por la Société thermale en el momento de la formalización de la reserva de habitación y conservadas por ésta en caso de anulación de dicha reserva. Los apartados 32, 35 y 36 de esta sentencia señalan lo siguiente:

"32. Mientras que, en el caso de un desarrollo normal del contrato, las arras se imputan al precio de los servicios prestados por el empresario del establecimiento hotelero y están, por tanto, sujetas al IVA, la conservación de las arras de que se trata en el procedimiento principal es, por el contrario, la consecuencia del ejercicio por parte del cliente de la facultad de desistimiento que se había puesto a su disposición y sirve para indemnizar a dicho empresario de los efectos del desistimiento. Una indemnización de estas características no constituye la retribución de una prestación y no forma parte de la base imponible del IVA (véase, en este sentido, en lo que se refiere a los intereses de demora, la sentencia de 1 de julio de 1982, BAZ Bausystem, 222/81, Rec. p.2527, apartados 8 a11).

35. Al no constituir, por un lado, el abono de las arras la retribución percibida por el empresario de un establecimiento hotelero en concepto de contrapartida efectiva de un servicio autónomo e individualizable prestado a su cliente, y, por otro lado, al tener por objeto la conservación de las arras, tras el desistimiento del cliente, la reparación de las consecuencias de la falta de ejecución del contrato, procede considerar que ni el abono de las arras, ni su conservación, ni su devolución duplicada entran dentro del ámbito de aplicación del artículo 2, apartado 1, de la Sexta Directiva.

36. Habida cuenta de todas las consideraciones anteriores, procede responder a la cuestión planteada que los artículos 2, apartado 1, y 6, apartado 1, de la Sexta Directiva deben interpretarse en el sentido de que las cantidades abonadas en concepto de arras en el marco de contratos relativos a prestaciones de servicio hotelero sujetas al

IVA deben considerarse, cuando el cliente hace uso de la facultad de desistimiento de que dispone y esas cantidades quedan en poder del empresario de un establecimiento hotelero, indemnizaciones a tanto alzado por resolución de contrato abonadas en concepto de reparación por el perjuicio sufrido a causa del incumplimiento del cliente, sin relación directa con ningún servicio prestado a título oneroso y, como tales, no sujetas a este impuesto."

En consecuencia con lo anterior, la cantidad del precio retenida en concepto de penalización por los perjuicios causados al incumplirse por el comprador de la vivienda los compromisos adquiridos, no constituye contraprestación de entregas de bienes o prestaciones de servicios sujetas al Impuesto sobre el Valor Añadido, por lo que la promotora no deberá repercutir el citado tributo por la retención de la referida cantidad, estando obligada a la emisión de una factura rectificativa por el total de las cantidades anticipadas por el comprador».

Tratamiento fiscal básico en caso de contrato privado de compraventa

En el derecho español, según viene sosteniendo el Tribunal Supremo y la mayoría de la doctrina, rige la **teoría del título y el modo**; de forma que, para que se produzca la transmisión de la propiedad, no bastaría con la existencia de un contrato (título), sino que es necesario que se realice la entrega de la cosa (modo). Así, y por ejemplo, la sentencia del Tribunal Supremo de 27 de abril de 1983, ECLI:ES:TS:1983:76, ya señalaba que «la constancia en documento privado de un contrato de compraventa no transfiere por sí solo el dominio, si no se justifica la tradición de la cosa vendida».

Así las cosas, la celebración de un contrato privado de compraventa no supone, por sí misma, la adquisición del inmueble. Para que efectivamente se produzca una transmisión de la propiedad sobre el inmueble será necesario que, además, se produzca la **tradición o entrega de la cosa vendida**, con independencia de las obligaciones futuras o aplazadas. Y, justamente, en el caso de los inmuebles, esa tradición puede realizarse, en principio, por tres vías: la puesta en poder y posesión de la cosa vendida, la entrega de las llaves o de los títulos de pertenencia o el otorgamiento de escritura pública.

Por lo tanto, si **con el contrato privado de compraventa se perfecciona la transmisión del dominio sobre el inmueble**, por haberse procedido a su entrega efectiva, la operación estará sujeta a **tributación por el IVA o el ITP**, según la condición de las partes (promotor, empresario o profesional distinto, particular) y las concretas circunstancias del caso (primera entrega de vivienda, segunda o posterior entrega de vivienda, transmisión de finca rústica, local, etc.). Nos remitimos a lo ya apuntado al tratar la tributación de la compraventa de inmuebles por el IVA y el ITP. Al formalizarse el contrato en documento privado y no existir documento notarial, **no procedería el gravamen por la modalidad de AJD** del ITPyAJD. Además, y en su caso, al producirse una transmisión de la propiedad también habría que tributar por el IIVTNU («plusvalía municipal»), el IRNR, el IRPF o el IS en los términos ya vistos.

En esa medida, si la compraventa se perfecciona a través de un documento privado, devengándose con ello el impuesto por la transmisión, y con posterioridad se eleva el contrato a escritura pública, esa elevación a escritura pública no tendrá influencia a los efectos del ITP o el IVA si ya se tributó en su día por dichos impuestos o están prescritos. Con respecto a una posible prescripción, evidentemente, el primer paso será determinar en qué momento se entiende producida la transmisión de la propiedad, que requiere el título (contrato) y el modo (entrega), polo que habrá que estar a la fecha en la que se produzcan ambas cosas.

En el caso de contratos celebrados en documento privado, establecer qué fecha del documento prevalecerá a efectos de prescripción puede no ser siempre sencillo. No en vano, el apartado 2 del artículo 50 de la LITPyAJD indica: «A los efectos de prescripción, en los documentos que deban presentarse a liquidación, se presumirá que la fecha de los privados es la de su presentación, a menos que con anterioridad concurra cualquiera de las circunstancias previstas en el artículo 1.227 del Código Civil, en cuyo caso se computará la fecha de la incorporación, inscripción, fallecimiento o entrega, respectivamente. En los contratos no reflejados documentalmente, se presumirá, a iguales efectos, que su fecha es la del día en que los interesados den cumplimiento a lo prevenido en el artículo 51. La fecha del documento privado que prevalezca a efectos de prescripción, conforme a lo dispuesto en este apartado, determinará el régimen jurídico aplicable a la liquidación que proceda por el acto o contrato incorporado al mismo». Y, por su parte, el artículo 1227 del Código Civil especifica que «la fecha de un documento privado no se contará respecto de terceros sino desde el día en que hubiese sido incorporado o inscrito en un registro público, desde la muerte de cualquiera de los que lo firmaron, o desde el día en que se entregase a un funcionario público por razón de su oficio».

Sin embargo, también hay que tener presente que la **sentencia del Tribunal Supremo de 26 de abril de 2005, recurso n.º 314/2000, ECLI:ES:TS:2005:2591**, estableció lo siguiente:

> «Resulta interesante recordar el cambio de orientación producido en la jurisprudencia recientemente, admitiendo la prueba de a fecha de un documento privado, a efectos de la prescripción, por medios distintos a los contemplados en el art. 1227 del CC. Así la sentencia de 24 de Julio de 1999, que se basa en pronunciamientos del Tribunal Constitucional - sentencias 25/1996, de 13 de Febrero, y 189/1996, de 25 de Noviembre, donde se interconexiona la indefensión contemplada en el art. 24.1 de la Constitución con el derecho a utilizar los medios de prueba pertinentes para la defensa,- establece que el derecho a la prueba impide cualquier reducción que no venga impuesta de manera clara y tajante por la propia ley, de manera que las presunciones "iuris et de iure" y con mayor razón las "fictio legis" deben quedar claramente establecidas en precepto legal que, de manera indubitada, excluya o prohiba la prueba en contrario"».

A TENER EN CUENTA. Si el contrato se elevase a escritura pública, procedería el gravamen por la modalidad de AJD del ITPyAJD, de acuerdo con lo establecido en el artículo 31 de la LITPyAJD. La cuota fija procederá siempre, pero la variable solo cuando la operación no esté sujeta al ITP.

CUESTIÓN

Los padres de Antonia vendieron una finca urbana en documento privado de 4 de mayo de 2004 produciéndose su entrega en el mismo acto, tal y como figura en el contrato privado. Posteriormente, los vendedores fallecieron el 3 de marzo de 2005 y el 5 de octubre de 2006. Ahora la heredera va a elevar el contrato privado de compraventa a escritura pública. ¿Al otorgar la escritura pública tendrá que tributar por el IRPF por la ganancia o pérdida patrimonial? ¿Y por el incremento de valor del terreno urbano a través del IIVTNU?

En este caso, la entrega del inmueble se produjo el mismo día que se otorgó el contrato privado de compraventa, por lo que fue entonces cuando se produjo la transmisión de la propiedad de la finca.

Al tratarse de un contrato celebrado en documento privado, en principio, su fecha será la de su elevación a público, salvo que con carácter previo se haya producido alguna de las circunstancias del artículo 1227 del CC. Por lo tanto, como los padres de Antonia (vendedores) ya han fallecido, se habría dado una de las circunstancias previstas en ese artículo (el fallecimiento de alguna de las personas que firmó el contrato privado) y habría que estar a la fecha del primer fallecimiento para determinar el inicio del plazo de prescripción del derecho de la Administración para liquidar el impuesto devengado con motivo de la transmisión documentada en dicho contrato (sería el 3 de marzo de 2005).

Así las cosas, y siempre que el plazo de prescripción no se haya interrumpido conforme al artículo 68 de la LGT, habrían transcurrido más de cuatro años desde la finalización del plazo de presentación de las declaraciones del IRPF o el IIVTNU (artículos 66 y 67 de la LGT) y habría prescrito el derecho de la Administración para determinar la deuda tributaria mediante las correspondientes autoliquidaciones. En este sentido se pronuncia, por ejemplo, la consulta vinculante de la DGT (V1665-23), de 13 de junio de 2023.

RESOLUCIÓN RELEVANTE

Sentencia del Tribunal Supremo n.º 1689/2017, de 7 de noviembre, ECLI:ES:TS:2017:3932

Asunto: concepto de entrega de bienes a efectos del IVA en caso de contrato privado de compraventa de inmuebles.

«Procede, pues, responder a la primera cuestión que el apartado 1 del artículo 5 de la Sexta Directiva debe interpretarse en el sentido de que se considera "entrega de bienes" la transmisión del poder de disposición sobre un bien corporal con las facultades atribuidas a su propietario, aunque no haya transmisión de la propiedad jurídica del bien». (En el mismo sentido, Sentencias de 21 de abril de 2005, asunto C-25/03 HE y de 29 de marzo de 2007, asunto C-111/05, Aktiebolaget).

Como se observa el concepto de "entrega de bienes" elaborado por la jurisprudencia europea es un concepto económico más que jurídico, de modo que el devengo en IVA puede tener lugar aún cuando no se haya producido el efecto traslativo del derecho de propiedad, pero se hayan cedido facultades del propietario. Preciso, pues, se hace analizar caso por caso a los efectos de identificar cuando se adquiere estas facultades. Sucede que en nuestro Derecho con la transmisión de la propiedad se adquieren estas facultades, y el art. 1462 del CC, prevé que "Se entenderá entregada la cosa vendida, cuando se ponga en poder y posesión del comprador. Cuando se haga la venta mediante escritura pública, el otorgamiento de ésta equivaldrá a la entrega de la cosa objeto del contrato, si de la misma escritura no resultare o se dedujere claramente lo contrario"; esto es, en nuestro ordenamiento la venta mediante escritura pública equivale a la entrega de la posesión, salvo que se disponga otra cosa, por así disponerlo la ley, produciéndose el devengo del IVA, en su caso; cuando la entrega de la cosa no se hace por escritura pública, resulta evidente que es un supuesto extraño al regulado en el citado artículo, por lo que resulta necesario probar la efectividad de la entrega, en este caso, al constar en documento privado la entrega de los inmuebles, la puesta en poder y posesión del adquirente debe acreditarse, y al efecto sirven todos los medios legalmente dispuestos al efecto, art. 106 de la LGT, sin que sea suficiente al efecto dicho documento privado puesto que para que produzca efectos respecto de terceros, y la Hacienda lo es, ha de estarse a lo dispuesto en el art. 1227 del CC, y ello sin perjuicio que del conjunto de pruebas se pueda llegar a la conclusión de que efectivamente se ha producido la entrega de la cosa en los términos que se exigen en la normativa del IVA».

RESOLUCIONES ADMINISTRATIVAS

Consulta vinculante de la Dirección General de Tributos (V1292-24), de 4 de junio de 2024

Asunto: imputación temporal en IRPF de la ganancia patrimonial en caso de compraventa de un inmueble en contrato privado y posterior elevación a escritura pública.

«(...) debe tenerse en consideración que el Derecho español, según el Tribunal Supremo y la opinión mayoritaria de la doctrina, recoge la teoría del título y el modo, de tal manera que "la constancia de un contrato de compraventa en documento privado no transfiere por sí sola el dominio si no se acredita la tradición de la cosa vendida" (Sentencia de 27 de abril de 1983).

(...)

(...) la ganancia o pérdida patrimonial derivada de la venta del inmueble se entenderá producida en el periodo impositivo en el que se otorgue la escritura pública, salvo que se acredite la entrega de la misma en un momento anterior.

La acreditación de la entrega deberá probarse por cualquiera de los medios de prueba admitidos en Derecho, según dispone el artículo 106 de la Ley General Tributaria (Ley 58/2003, de 17 de diciembre), ante los órganos de gestión e inspección de la Administración Tributaria a quienes corresponderá valorarla, en el desempeño de sus funciones de comprobación e investigación, determinando la realidad de las pruebas que, a requerimiento de los mismos, se aporten. En ausencia de prueba, se tomará, en cualquier caso, la fecha de la escritura pública».

Consulta vinculante de la Dirección General de Tributos (V1712-17), de 3 de julio de 2017

Asunto: tratamiento en ITP de un contrato privado de compraventa sin entrega de la posesión del inmueble, que no se producirá hasta el otorgamiento de la correspondiente escritura pública.

«- (...) el derecho español, según el Tribunal Supremo y la opinión mayoritaria de la doctrina, recoge la teoría del título y modo para determinar la transmisión del dominio, entendiéndose por título la causa jurídica que justifique la transmisión y por modo la entrega o tradición, de tal manera que "no se transfiere... el dominio si no se acredita la tradición de la cosa vendida" (Sentencia de 27 de abril de 1983).

- Por otro lado los artículos 1.445 y 1.450 determinan el carácter consensual de la compraventa que se perfecciona por el mero consentimiento de las partes sobre la cosa y el precio, aunque ni la una ni el otro hubiesen sido entregadas, quedando obligadas las partes desde el momento de la perfección al cumplimiento de sus respectivas obligaciones, entregar el precio por parte del comprador y entregar el bien

por parte del vendedor. Y será en ese momento, cuando tenga lugar la entrega de la cosa por parte del vendedor, cuando se produzca la transmisión de la propiedad del bien, ante la concurrencia de un título jurídico valido, el contrato privado de compraventa, y el modo o entrega del bien.

Por tanto, y dado que el hecho imponible de la modalidad de transmisiones patrimoniales onerosas del ITP y AJD lo constituye "la transmisión por actos inter vivos de toda clase de bienes y derechos que integren el patrimonio de las personas físicas o jurídicas", según establece el artículo 7.1 del Texto Refundido del Impuesto sobre Transmisiones Patrimoniales y Actos Jurídicos Documentados (en adelante ITP y AJD), aprobado por Real Decreto Legislativo 1/1993, de 24 de septiembre (BOE de 20 de octubre), en el supuesto de formalización de un contrato privado de compraventa en el que expresamente se establece que la entrega del inmueble tendrá lugar en un momento posterior al de la celebración del contrato, el del otorgamiento de la escritura pública de compraventa, hay que concluir que no concurre el presupuesto de hecho previsto en la norma para configurar el hecho imponible de la referida modalidad impositiva, pues, aun siendo válido el contrato de compraventa, el título, la falta de entrega o tradición determina la inexistencia de transmisión».

Consulta vinculante de la Dirección General de Tributos (V0432-14), de 17 de febrero de 2014

Asunto: prescripción del ITPyAJD en la elevación a público de un contrato de compraventa privado.

«- El contrato privado está fechado el 31 de mayo de 1967.

- No se indica que con anterioridad a la elevación a público del documento privado se hayan producido ninguna de las circunstancias del artículo 1.227 del Código Civil.

- En el contrato privado se establecía el aplazamiento del pago de parte del precio, que tendría lugar mediante diversas letras de cambio, con relación a las cuales se fijaba su cuantía y fecha de vencimiento. Junto con el escrito de consulta se aportan fotocopias de los efectos cambiarios librados en la fecha de la celebración del documento privado, quedando acreditada la celebración del mismo en la referida fecha y, en consecuencia, prescrito el derecho de la administración a practicar la correspondiente liquidación.

CONCLUSIÓN

En virtud de la más reciente jurisprudencia del Tribunal Supremo (Sentencias de 24 de julio de 1999 y 15 de diciembre de 2010), aun cuando en el supuesto planteado no concurran ninguna de las circunstancias del artículo 1.227 del Código Civil, pudiera entenderse acreditada la fecha del documento privado por otros medios de prueba admitidos en derecho, lo que produciría, en consecuencia, la prescripción del derecho de la administración a practicar la correspondiente liquidación».

Fiscalidad del contrato de opción de compra

En virtud del contrato de opción de compra una de las partes (concedente de la opción) atribuye a la otra (beneficiaria de la opción) el llamado derecho de opción o mejor «facultad de configuración», dado que se trata de una facultad que permite a quien la ostenta configurar en el futuro una relación jurídica a su favor, decidiendo, dentro de un determinado período de tiempo y unilateralmente, la celebración de un contrato, que, en el caso de la opción de compra, es un contrato de compraventa. Una vez ejercitada la opción de compra se consuma el contrato por el que se concedió y se perfecciona la compraventa. Así lo señala, por ejemplo, la consulta vinculante de la Dirección General de Tributos (V1835-24), de 1 de agosto de 2024.

|| Constitución del derecho de opción de compra

- IVA o ITP:

  » Cuando el concedente de la opción de compra sea un empresario o profesional a los efectos del IVA, actuando como tal, la operación estará sujeta al IVA. La base imponible será la contraprestación pactada por la constitución del derecho de opción de compra (prima). Por otra parte, las cantidades pagadas por el otorgamiento de la opción de compra no formarán parte de la base imponible de la entrega del inmueble (en caso de que llegue a producirse), sino que forman parte de la base imponible de la propia concesión del derecho de opción.

  » Si el concedente es un particular, o un empresario o profesional que actúe al margen de su actividad, la concesión del derecho de opción de compra quedará sujeta al ITP. En ese sentido, el artículo 14.2 de la LITPyAJD establece que «las promesas y opciones de contratos sujetos al impuesto serán equiparadas a éstos, tomándose como base el precio especial convenido, y a falta de éste, o si fuere menor, el 5 por 100 de la base aplicable a dichos contratos». Es decir, la constitución del derecho de opción de compra estará sujeta al ITP y la base imponible se determinará según lo indicado, aplicándose sobre ella el tipo impositivo que corresponda al lugar donde radique el inmueble.

- AJD. Si la concesión de la opción de compra se instrumenta en documento público, procederá la tributación por la modalidad de actos jurídicos documentados del ITPyAJD. Siempre se aplicará la cuota fija de AJD, pero también procederá la cuota variable cuando concurran los requisitos del artículo 31.2 de la LITPyAJD (que sea susceptible de inscripción en el registro de la propiedad y no exista sujeción al ITP).

|| Ejercicio del derecho de opción de compra

- IVA o ITP:

  » Si el transmitente es un empresario o profesional a los efectos del IVA, que actúe como tal, la transmisión del inmueble quedará sujeta al IVA, aunque podrían resultarle de aplicación las exenciones que la normativa del impuesto establece para ciertos supuestos. En este sentido, cabe recordar que las cantidades pagadas por la constitución de la opción de compra cobre el inmueble no forman parte de la base imponible de la entrega del mismo, sino que forman parte de la base imponible de la propia concesión del derecho de opción.

  » En el caso de que la transmisión del inmueble deba tributar por el ITP, será este impuesto el que deba aplicarse, con los tipos que en cada caso haya aprobado la comunidad autónoma en la que radique el inmueble. A la base imponible de la compraventa no se le descontará el importe de la opción de compra, ya que el derecho real de opción de compra y el contrato de compraventa resultante del ejercicio de dicho derecho son dos negocios jurídicos independientes, con contenido distinto y generan hechos imponibles autónomos, sujetos ambos al ITP.

– **AJD**. Si la transmisión del inmueble se formaliza en documento público, la tributación por la cuota fija y variable de la modalidad de AJD se ajustará a las reglas generales del artículo 31 de la LITPyAJD.

Por otra parte, en cuanto al **IRPF**, la concesión de la opción de compra sobre un inmueble produce en el concedente una **ganancia patrimonial** conforme al artículo 33.1 de la LIRPF, que nace en el momento de esa concesión. En ese sentido, la **sentencia del Tribunal Supremo n.° 803/2022, de 21 de junio, ECLI:ES:TS:2022:2599**, fijó como criterio que «las ganancias patrimoniales que se pongan de manifiesto con ocasión de la percepción de las primas satisfechas por el otorgamiento de un contrato de opción de compra, en los términos aquí examinados, se deben integrar en la renta del ahorro definida en el artículo 46, en aplicación de la Ley 35/2006, de 28 de noviembre, del Impuesto sobre la Renta de las Personas Físicas, por implicar una transmisión, fundada en la *traditio*, derivada de la entrega de facultades propias del derecho de propiedad a las que temporalmente renuncia el titular». La ganancia se imputará al período impositivo en el que tiene lugar la alteración patrimonial, esto es, al período impositivo en el que se formalice el derecho de opción de compra sobre el inmueble (artículo 14.1 de la LIRPF).

Con posterioridad, si se ejercita la opción de compra en los términos pactados, la transmisión del inmueble ocasionará una nueva alteración patrimonial a efectos del IRPF para el transmitente, que podrá generar una ganancia o pérdida patrimonial. La cuantía recibida previamente por el arrendador en concepto de opción de compra sobre el inmueble (y, en su caso, las cantidades satisfechas por el arrendamiento del inmueble hasta el ejercicio de opción de compra) se descontarán, de tenerlo así pactado, del precio total convenido por la transmisión, por lo que constituirán un menor valor de transmisión a efectos del cálculo de la ganancia o pérdida patrimonial que derive de la transmisión. La ganancia o pérdida se imputará al período impositivo en el que tiene lugar la alteración patrimonial, es decir, a aquel en el que se ejercite la opción de compra por el adquirente y se integrará en la base imponible del ahorro (artículos 14.1 y 49 de la LIRPF).

Cuando el concedente sea contribuyente por el **IS**, la entidad deberá integrar los rendimientos en su base imponible del IS conforme a su normativa.

CUESTIÓN

Si el promotor de una vivienda la tiene alquilada con opción de compra y luego la vende, ¿podrá tratarse de una primera entrega a efectos del IVA?

El arrendamiento con opción de compra no agota la primera entrega. Así lo apunta, por ejemplo, la consulta vinculante de la Dirección General de Tributos (V0071-24), de 15 de febrero de 2024:

«Del tenor literal del último párrafo transcrito se deduce que el legislador ha querido que el uso de la vivienda durante un plazo prudencial –por lo menos, dos años– agote la primera entrega, pero, a la vez, ha establecido la cautela de que dicho uso no se compute y, por tanto, no agote la primera entrega, cuando se realice por quien será su propietario en última instancia, con el objetivo claro de evitar posibles esquemas de minoración artificial de la base imponible aprovechando indebidamente la exención del arrendamiento.

Ahora bien, debe significarse que el precepto se refiere de forma expresa a uso, entre otros, en virtud de contratos sin opción de compra; quiere ello decir que el uso en virtud de contratos con opción de compra, por muy dilatados o sucesivos en el tiempo que sean, no pueden agotar nunca la primera entrega. Este último aspecto es de gran importancia, ya que es determinante de que por más contratos que se sucedan de arrendamiento con opción de compra, seguirá siendo de aplicación la exclusión de la letra d´) del artículo 20.Uno.23º de la Ley 37/1992, y, por tanto, estos arrendamientos seguirán estando sujetos y no exentos del Impuesto como vía de traslado al consumo final del valor añadido de la promoción inicial».

RESOLUCIONES ADMINISTRATIVAS

Resolución del Tribunal Económico-Administrativo Central n.º 6372/2020, de 26 de enero de 2023

Asunto: calificación del arrendamiento de bienes con opción de compra como entrega de bienes o como prestación de servicios a efectos del IVA.

«La calificación de un contrato de arrendamiento de bienes con opción de compra como entrega de bienes o como prestación de servicios depende de que el arrendatario se haya comprometido o no a ejercitar la opción de compra. De acuerdo con lo establecido en los artículos 8.Dos.5º y 11.Dos.2º las operaciones derivadas de un arrendamiento financiero, en el que no existe compromiso, por parte del arrendatario, de ejercitar la opción de compra, deben calificarse como prestaciones de servicios; solamente se califican como entrega de bienes a partir del momento en que el arrendatario se compromete a ejercitar la opción de compra.

El criterio señalado por la Ley del IVA no se corresponde plenamente con el que se deduce de la Directiva 2006/112/CE (artículo 14) y la jurisprudencia del TJUE al respecto (sentencia de 4 de octubre de 2017, asunto C-164/16, Mercedes-Benz Financial Services), según la cual, las condiciones financieras del contrato son las que determinan la calificación del mismo como entrega de bienes o como prestación de servicios.

Reitera criterio de resolución de 9 de junio de 1999 (RG: 00-07136-1996)».

Consulta vinculante de la Dirección General de Tributos (V1438-14), de 30 de mayo de 2014

Asunto: tratamiento de la opción de compra en el IVA.

«Según se indica en el texto de la consulta, en el supuesto de que se ejercite la opción de compra, una parte del precio de la compraventa estará formada por la cantidad abonada por la constitución de tal opción.

A efectos del Impuesto sobre el Valor Añadido, la base imponible será la contraprestación satisfecha y esto es independiente del modo de cálculo de la misma. Es decir, resulta irrelevante que al precio determinado inicialmente se le reste la cantidad pagada en concepto de opción de compra. Lo determinante a la hora de establecer el importe de la base imponible es la cantidad satisfecha con motivo de la propia entrega.

No resulta aplicable a los hechos que se exponen en el escrito de consulta lo dispuesto en el artículo 78.Tres.2º de la Ley 37/1992, conforme al cual descuentos y bonificaciones no reducen la base imponible cuando las minoraciones de precio constituyan remuneraciones de otras operaciones.

Este precepto impide la minoración de la base imponible en el importe de la contraprestación de otras operaciones con la pretensión de excluir el denominado "neteo", esto es, la práctica consistente en repercutir el Impuesto, en caso de que existan operaciones cruzadas entre dos empresarios o profesionales, únicamente sobre el importe neto resultante de ambas.

Por el contrario, cuando lo que ocurre es que un mismo empresario realiza dos operaciones, una prestación de servicios, el otorgamiento de un derecho de opción, con su contraprestación, y una entrega de bienes, cuya contraprestación específicamente convenida por las partes se reduce como consecuencia de haberse realizado esta operación anterior, la concesión del derecho de opción, cada una de dichas operaciones tendrá su base imponible, que será la contraprestación pactada por las partes.

No hay en este caso neteo alguno, sino la determinación de la base imponible de las operaciones por el importe convenido por las partes para cada una de ellas.

Por tanto, hay que concluir que las cantidades pagadas con motivo del otorgamiento de la opción de compra del inmueble referido en la consulta no forman parte de la base imponible de la entrega del mismo, sino que forman parte de la base imponible de la propia concesión del derecho de opción.

El hecho de que el adquirente no ejerza definitivamente la opción no afecta a la anterior conclusión pues precisamente el precio pagado (prima) es la contraprestación a la posibilidad de ejercer una opción de compra en un determinado periodo de tiempo».

Consulta vinculante de la Dirección General de Tributos (V2821-21), de 16 de noviembre de 2021

Asunto: tributación en el ITP en caso de arrendamiento con opción de compra sobre un inmueble.

«(...) en el contrato de arrendamiento con opción de compra concurren tres convenciones independientes: constitución del arrendamiento, constitución del derecho de opción de compra y ejercicio de la opción de compra.

Dichas convenciones son independientes en cuanto a su tributación, de tal forma que, constituido el derecho de opción, se devengará el impuesto por tal concepto, con independencia de que posteriormente se ejercite o no. Si no se llega a ejercitar la opción en el plazo de los cinco años que han establecido, no se producirá el último de los negocios jurídicos planteados, ni el consiguiente devengo del impuesto por este concepto, por lo que solo tributarán las otras dos convenciones, arrendamiento y constitución de la opción. Por tanto, el devengo del impuesto se produce en el momento de su constitución y no en el del posterior ejercicio del derecho. De igual forma, la falta del ejercicio posterior de la opción no implicará en modo alguno la devolución del impuesto satisfecho en su constitución».

Fiscalidad de la cesión de derechos en la compraventa inmobiliaria

La cesión de derechos consiste en un negocio jurídico mediante el que una parte (el cedente) transmite a otra (el cesionario) una titularidad jurídica. En este caso, el cedente transmite al cesionario los derechos y obligaciones de compra, que previamente ha adquirido, de un inmueble. Las cesiones de derechos de compra de un inmueble se conocen con el nombre de «pase». Esta figura puede darse sobre contratos de compraventa privados ya firmados, en los que no se ha realizado la entrega del bien, que se realizará con el otorgamiento de la escritura pública, pero también se da cuando lo que se cede es el contrato de reserva del inmueble.

> **A TENER EN CUENTA.** Cuando el contrato de reserva se estipula a nombre de una persona y luego la compraventa se realiza a nombre de otra, o bien a nombre de esa persona y otra u otras (por ejemplo, cuando se escritura a nombre de quien hizo la reserva y su cónyuge que no figuraba en la misma), la Administración tributaria entiende que ha existido transmisión del derecho de reserva por el porcentaje de propiedad que adquiere quien no figuraba en el contrato de reserva.

Si quien cede sus derechos es un empresario o profesional a efectos del IVA, debe repercutir el IVA al tipo general del 21 % (hay que tener en cuenta que lo que se transmite no es un inmueble en sí, sino los derechos y obligaciones del contrato de compraventa o de reserva). El adquirente se subroga en la posición que tenía el cedente en el contrato original, con sus obligaciones.

Si quien cede sus derechos es un particular, la cesión tributará por el ITPyAJD en la modalidad de transmisiones patrimoniales onerosas. Conforme al apartado 1 del artículo 10 de la LITPyAJD, la base imponible de la cesión de los derechos del contrato privado de compraventa está constituida por el valor real del bien transmitido o del derecho que se constituya o ceda. En ese sentido, el artículo 17 de la LITPyAJD aclara en su primer apartado que «en la transmisión de créditos o derechos mediante cuyo ejercicio hayan de obtenerse bienes determinados y de posible estimación se exigirá el impuesto por iguales conceptos y tipos que las que se efectúen de los mismos bienes y derechos. Sin embargo, en el caso de inmuebles en construcción, la base imponible estará constituida por el valor del bien en el momento de la transmisión del crédito o derecho, sin que pueda ser inferior al importe de la contraprestación satisfecha por la cesión». Sobre dicha base imponible se aplicará el tipo impositivo que corresponda al lugar donde radique el inmueble, debiendo presentar y liquidar el impuesto el adquirente.

En cuanto a la **modalidad de actos jurídicos documentados, si el contrato se formaliza en documento notarial**, estará sujeto a la cuota fija de la modalidad de AJD. La cuota variable o gradual, sin embargo, solo procederá si concurren los requisitos que establece el artículo 31 de la LITPyAJD (entre ellos, que la transmisión no esté sujeta al ITP).

RESOLUCIONES ADMINISTRATIVAS

Consulta vinculante de la Dirección General de Tributos (V2021-08), de 3 de noviembre de 2008

Asunto: tratamiento en el ITP de la cesión de derechos de un contrato de compraventa.

«En cuanto a la base imponible de la operación de cesión del 50 por 100 del contrato, cabe señalar que este Centro Directivo se ha pronunciado sobre esta cuestión

en numerosas contestaciones a consultas, como las de 17 de septiembre de 2002 (1331-02), 7 de noviembre de 2002 (nº 1.683-02), 23 de marzo de 2005 (nº V0507-05), 29 de noviembre de 2005 (nº V2425-05) 15 de diciembre de 2005 (V2513-05), 28 de noviembre de 2006 (V2365-06), 17 de enero de 2007 (V0086-07), 26 de julio de 2007 (V1640-07) y 20 de noviembre de 2007 (V2478-07). A continuación, se reproduce una síntesis de la primera de ellas, que resulta plenamente aplicable a la cuestión planteada por el consultante, si bien debe entenderse que el criterio expuesto deberá aplicarse sólo al 50 por 100 del importe total:

"... la operación por la que una persona, compradora de un inmueble en construcción, ha cedido a un tercero los derechos del contrato privado de compraventa celebrado con el promotor, antes de la finalización y consiguiente entrega de la construcción de dicho inmueble es una operación sujeta al ITPAJD, en su modalidad de transmisión patrimonial onerosa, según resulta de lo previsto en el artículo 7.1.A) del TRLITPAJD, aprobado por el Real Decreto Legislativo 1/1993, de 24 de septiembre (BOE de 20 de octubre de 1993), que dispone que 'son transmisiones patrimoniales sujetas las transmisiones onerosas por actos 'inter vivos' de toda clase de bienes y derechos que integren el patrimonio de las personas físicas o jurídicas (...)"».

Consulta vinculante de la Dirección General de Tributos (V0109-08), de 21 de enero de 2008

Asunto: consecuencias fiscales de la cesión de derechos de un contrato privado de compraventa efectuada por un particular.

«Una sociedad, dedicada a la promoción inmobiliaria, formaliza la venta de un inmueble en construcción en documento privado, no otorgándose escritura publica hasta la fecha en que se produzca la entrega del mismo. Hasta ese momento, en cada uno de los cobros realizados con anterioridad a la entrega del inmueble se devenga el IVA correspondiente, de donde se deduce que se trata de una primera entrega de edificaciones sujeta y no exenta de este impuesto.

El comprador, persona física que no tiene la condición de empresario o profesional, con el que se ha celebrado el contrato privado, y que ya ha satisfecho parcialmente el precio del inmueble, cede sus derechos a una tercera persona, por lo que se solicita el cambio de titularidad del contrato privado ante la entidad promotora. Dado que el comprador que cede los derechos al tercero, no es un empresario o profesional a efectos del Impuesto sobre el Valor Añadido, no resultará sujeto pasivo del mismo.

II.- La operación por la que una persona física, compradora de un inmueble en construcción, cede a un tercero los derechos del contrato privado de compraventa celebrado con el promotor, antes de la finalización y consiguiente entrega de la construcción de dicho inmueble, es una operación sujeta al Impuesto sobre Transmisiones Patrimoniales y Actos Jurídicos Documentados, en su modalidad de transmisión patrimonial onerosa (...)

En el caso planteado el cedente no tiene la condición de propietario del inmueble, pues en nuestro sistema jurídico la adquisición de la propiedad está condicionada a un doble requisito: la concurrencia del titulo, contrato de compraventa, que sí ha tenido lugar, y el modo o entrega del bien que, por el contrario, aún no se ha producido.

Por tanto, no se trata de la transmisión de un inmueble, sino de los derechos que ostenta el cedente frente a la entidad vendedora, a consecuencia de la celebración del contrato privado de compraventa del referido inmueble.

Siendo el contrato de compraventa un contrato consensual que se perfecciona por el consentimiento de los otorgantes sobre la cosa y el precio, el día de la celebración del contrato privado será la fecha en que se entiende realizado el hecho imponible y en la que se produce el devengo del Impuesto, conforme al artículo 49.1.a) del Texto Refundido:

(...)

Conforme al artículo 10.1 del Texto Refundido del Impuesto, la base imponible, en la modalidad Transmisiones Patrimoniales Onerosas, está constituida por el valor real del bien transmitido o del derecho que se constituya o ceda, y del que únicamente serán deducibles las cargas que disminuyan el valor real de los bienes, pero no las deudas aunque estén garantizadas con prenda o hipoteca.

Junto a este regla general, el artículo 17.1 del mismo texto legal establece una regla especial, según la cual "en la transmisión de créditos o derechos mediante cuyo ejercicio hayan de obtenerse bienes determinados y de posible estimación se exigirá el impuesto por iguales conceptos y tipos que las que se efectúen de los mismos bienes y derechos"».

ANEXO I.
CASOS PRÁCTICOS

Caso práctico | Consideración de «primera entrega» a efectos del IVA en transmisiones de viviendas realizadas por el promotor

PLANTEAMIENTO

Un promotor inmobiliario ha construido un edificio de viviendas, que ha destinado a diferentes fines una vez terminada la construcción:

- La vivienda A la vendió justo cuando se terminó la obra.

- La vivienda B la destinó a uso propio durante dos años y medio, y ahora la ha vendido a un tercero.

- La vivienda C la tuvo en arrendamiento sin opción de compra de forma continuada durante dos años y medio, y ahora la ha vendido a un tercero (distinto del arrendatario).

- La vivienda D la tuvo en arrendamiento sin opción de compra de forma continuada durante dos años y medio, y ahora se la ha vendido a ese arrendatario.

- La vivienda E la tuvo arrendada para uso turístico vacacional a lo largo de dos años y medio, de forma interrumpida, y ahora se vende.

¿Cada una de esas ventas de vivienda se considera «primera entrega» a efectos del IVA o no?

RESPUESTA

Tendrán la consideración de primera entrega a efectos del IVA las transmisiones de las viviendas A, D y E; pero no la de las viviendas B y C.

El artículo 20.Uno.22.º de la LIVA establece que estarán exentas del impuesto las siguientes operaciones:

«22.ºA) Las segundas y ulteriores entregas de edificaciones, incluidos los terrenos en que se hallen enclavadas, cuando tengan lugar después de terminada su construcción o rehabilitación.

A los efectos de lo dispuesto en esta Ley, **se considerará primera entrega** la realizada por el promotor que tenga por objeto una edificación cuya construcción o rehabilitación esté terminada. No obstante, no tendrá la consideración de primera entrega la realizada por el promotor después de la utilización ininterrumpida del inmueble por un plazo igual o superior a dos años por su propietario o por titulares de derechos reales de goce o disfrute o en virtud de contratos de arrendamiento sin opción de compra, salvo que el adquirente sea quien utilizó la edificación durante el referido plazo. No se computarán a estos efectos los períodos de utilización de edificaciones por los adquirentes de los mismos en los casos de resolución de las operaciones en cuya virtud se efectuaron las correspondientes transmisiones.

Los terrenos en que se hallen enclavadas las edificaciones comprenderán aquéllos en los que se hayan realizado las obras de urbanización accesorias a las mismas. No obstante, tratándose de viviendas unifamiliares, los terrenos urbanizados de carácter accesorio no podrán exceder de 5.000 metros cuadrados.

Las transmisiones no sujetas al Impuesto en virtud de lo establecido en el número 1.° del artículo 7 de esta Ley no tendrán, en su caso, la consideración de primera entrega a efectos de lo dispuesto en este número.

La exención prevista en este número no se aplicará:

a) A las entregas de edificaciones efectuadas en el ejercicio de la opción de compra inherente a un contrato de arrendamiento, por empresas dedicadas habitualmente a realizar operaciones de arrendamiento financiero. A estos efectos, el compromiso de ejercitar la opción de compra frente al arrendador se asimilará al ejercicio de la opción de compra.

Los contratos de arrendamiento financiero a que se refiere el párrafo anterior tendrán una duración mínima de diez años.

b) A las entregas de edificaciones para su rehabilitación por el adquirente, siempre que se cumplan los requisitos que reglamentariamente se establezcan.

c) A las entregas de edificaciones que sean objeto de demolición con carácter previo a una nueva promoción urbanística».

Así las cosas:

1. **Tendrán la consideración de primera entrega a efectos del IVA las transmisiones de las viviendas A, D y E.**

En el supuesto de la vivienda A es así porque se vende la vivienda terminada directamente, sin uso previo. En el caso de la vivienda D, porque se vende al arrendatario que la había venido usando de forma continuada. Finalmente, en el supuesto de la vivienda E, porque, al haber estado alquilada para uso turístico vacacional, no estuvo arrendada de manera continuada durante dos o más años, sino en períodos interrumpidos.

2. **Por el contrario, las viviendas B y C** fueron utilizadas ininterrumpidamente durante un plazo superior a dos años por el propio promotor o por un arrendatario sin opción de compra diferente del comprador. Por lo tanto, **su transmisión no tiene la consideración de primera entrega a efectos del IVA**.

Caso práctico | IVA o ITP en venta de vivienda unifamiliar construida por un particular en un terreno heredado

PLANTEAMIENTO

Juan es un contable que ha heredado un terreno de su abuelo. Decide construir sobre él una vivienda unifamiliar para luego venderla. Tras un año de obras, la vivienda está terminada y cumple con todos los requisitos para su uso, así que la transmite por compraventa a un tercero. ¿La operación tributará por el IVA o por el ITP?

RESPUESTA

En principio, Juan no tiene la condición de empresario o profesional a efectos del IVA en términos generales ni se dedica a la actividad inmobiliaria. Sin embargo, como ha promovido la construcción de una vivienda para su venta, con respecto a la transmisión de esa vivienda, el artículo 5.Uno.d) de la LIVA le atribuye la condición de empresario a los efectos del IVA:

«Uno. A los efectos de lo dispuesto en esta Ley, se reputarán empresarios o profesionales:

a) Las personas o entidades que realicen las actividades empresariales o profesionales definidas en el apartado siguiente de este artículo.

No obstante, no tendrán la consideración de empresarios o profesionales quienes realicen exclusivamente entregas de bienes o prestaciones de servicios a título gratuito, sin perjuicio de lo establecido en la letra siguiente.

(...)

d) Quienes efectúen la urbanización de terrenos o la promoción, construcción o rehabilitación de edificaciones destinadas, en todos los casos, a su venta, adjudicación o cesión por cualquier título, aunque sea ocasionalmente».

Por lo tanto, *a priori,* la operación quedaría sujeta al IVA, salvo que resulte de aplicación la exención recogida en el artículo 20.Uno.22.º de la LIVA, caso en el que procedería el ITP. El precepto mencionado configura la exención en los siguientes términos:

«Uno. Estarán exentas de este impuesto las siguientes operaciones:

(...)

22.ºA) Las segundas y ulteriores entregas de edificaciones, incluidos los terrenos en que se hallen enclavadas, cuando tengan lugar después de terminada su construcción o rehabilitación.

A los efectos de lo dispuesto en esta Ley, se considerará primera entrega la realizada por el promotor que tenga por objeto una edificación cuya construcción o rehabilitación esté terminada. No obstante, no tendrá la consideración de primera entrega la realizada por el promotor después de la utilización ininterrumpida del inmueble por un plazo igual o superior a dos años por su propietario o por titulares de derechos reales de goce o disfrute o en virtud de contratos de arrendamiento sin opción de compra, salvo que el adquirente sea quien utilizó la edificación durante el referido plazo. No se computarán a estos efectos los períodos de utilización de edificaciones por los adquirentes de los mismos en los casos de resolución de las operaciones en cuya virtud se efectuaron las correspondientes transmisiones.

Los terrenos en que se hallen enclavadas las edificaciones comprenderán aquéllos en los que se hayan realizado las obras de urbanización accesorias a las mismas. No obstante, tratándose de viviendas unifamiliares, los terrenos urbanizados de carácter accesorio no podrán exceder de 5.000 metros cuadrados.

Las transmisiones no sujetas al Impuesto en virtud de lo establecido en el número 1.º del artículo 7 de esta Ley no tendrán, en su caso, la consideración de primera entrega a efectos de lo dispuesto en este número.

La exención prevista en este número no se aplicará:

a) A las entregas de edificaciones efectuadas en el ejercicio de la opción de compra inherente a un contrato de arrendamiento, por empresas dedicadas habitualmente a realizar operaciones de arrendamiento financiero. A estos efectos, el compromiso de ejercitar la opción de compra frente al arrendador se asimilará al ejercicio de la opción de compra.

Los contratos de arrendamiento financiero a que se refiere el párrafo anterior tendrán una duración mínima de diez años.

b) A las entregas de edificaciones para su rehabilitación por el adquirente, siempre que se cumplan los requisitos que reglamentariamente se establezcan.

c) A las entregas de edificaciones que sean objeto de demolición con carácter previo a una nueva promoción urbanística.

(...)».

En este supuesto, **la vivienda se vende por su promotor, sin haber sido utilizada nunca, así que se trataría de una primera entrega a los efectos del IVA y quedaría sometida a dicho impuesto.**

Caso práctico | Inversión del sujeto pasivo cuando el empresario que compra una vivienda renuncia a la exención en IVA

PLANTEAMIENTO

Una empresa dedicada al sector inmobiliario adquiere una vivienda de un empresario, encontrándose esa compraventa en principio exenta del IVA de conformidad con el artículo 20.Uno.22.° de la LIVA. Sin embargo, como el comprador es un sujeto pasivo del IVA que actúa en el ejercicio de su actividad económica, que tendría derecho a la deducción total o parcial del IVA soportado por la adquisición, se renuncia a la exención del IVA.

¿Quién tendrá que ingresar las cuotas de IVA derivadas de la operación a la Hacienda pública?

RESPUESTA

Si procedía la exención en el IVA conforme al artículo 20.Uno.22.° de la LIVA y se renuncia a la exención, se producirá la inversión del sujeto pasivo conforme al artículo 84 de la LIVA.

El artículo 20.Uno.22.° de la LIVA declara exentas del impuesto «las segundas y ulteriores entregas de edificaciones, incluidos los terrenos en que se hallen enclavadas, cuando tengan lugar después de terminada su construcción o rehabilitación», en los términos que establece el precepto; lo cual supondría su gravamen por el ITP, conforme al artículo 7.5 de la LITPyAJD. Sin embargo, el artículo 20.Dos de la LIVA permite la renuncia a la exención en los siguientes términos:

> «Dos. Las exenciones relativas a los números 20.° y 22.° del apartado anterior podrán ser objeto de renuncia por el sujeto pasivo, en la forma y con los requisitos que se determinen reglamentariamente, cuando el adquirente sea un sujeto pasivo que actúe en el ejercicio de sus actividades empresariales o profesionales y se le atribuya el derecho a efectuar la deducción total o parcial del Impuesto soportado al realizar la adquisición o, cuando no cumpliéndose lo anterior, en función de su destino previsible, los bienes adquiridos vayan a ser utilizados, total o parcialmente, en la realización de operaciones, que originen el derecho a la deducción».

Se parte de la base de que, según lo indicado en el planteamiento, en la compraventa analizada existía derecho a la exención y el comprador cumple los requisitos para renunciar a ella, de modo que finalmente se tributa por ese impuesto y no por el ITP.

Para tal caso, el artículo 84.Uno.2.°.e) de la LIVA establece:

> «Uno. **Serán sujetos pasivos del Impuesto:**
> 1.° Las personas físicas o jurídicas que tengan la condición de empresarios o profesionales y realicen las entregas de bienes o presten los servicios sujetos al Impuesto, salvo lo dispuesto en los números siguientes.

2.º Los empresarios o profesionales para quienes se realicen las operaciones sujetas al Impuesto en los supuestos que se indican a continuación:

(...)

e) Cuando se trate de las siguientes entregas de bienes inmuebles:

– Las entregas efectuadas como consecuencia de un proceso concursal.

– Las **entregas exentas a que se refieren los apartados 20.º y 22.º del artículo 20.Uno en las que el sujeto pasivo hubiera renunciado a la exención**.

– Las entregas efectuadas en ejecución de la garantía constituida sobre los bienes inmuebles, entendiéndose, asimismo, que se ejecuta la garantía cuando se transmite el inmueble a cambio de la extinción total o parcial de la deuda garantizada o de la obligación de extinguir la referida deuda por el adquirente».

Por lo tanto, en aquellos supuestos en los que se renuncie a la exención del IVA prevista en el artículo 20.Uno.22.º de la LIVA, se producirá una **inversión del sujeto pasivo**. Ello supone que, en dicha operación, el sujeto pasivo del IVA sea el **empresario o profesional que adquiere el inmueble**. El comprador tendría que declarar el IVA devengado por inversión del sujeto pasivo en sus correspondientes autoliquidaciones de IVA. La factura tendrá que indicar la mención «inversión del sujeto pasivo» conforme al artículo 6.1.m) del Real Decreto 1619/2012, de 30 de noviembre.

Así lo corrobora, por ejemplo, la consulta vinculante de la Dirección General de Tributos (V1192-24), de 24 de mayo de 2024, que señala que «debe tenerse en cuenta que en el supuesto de que se renuncie a la aplicación de la exención en los términos contenidos en el artículo 20.Dos de la Ley 37/1992, será de aplicación, en relación con el sujeto pasivo de la transmisión, lo dispuesto en el artículo 84.Uno.2º, letra e) del mismo texto legal».

Caso práctico | Tipo de IVA aplicable a compra de vivienda para destinarla al alquiler turístico

PLANTEAMIENTO

Martina va a comprar una vivienda para arrendarla como apartamento turístico y obtener así ingresos extra. Se tratará de una primera entrega, así que la operación tributará por el IVA. ¿Qué tipo de IVA resultará de aplicación: el general o el reducido del 10 %?

RESPUESTA

Según el artículo 91.Uno.7.º de la LIVA:

«Uno. Se aplicará el tipo del **10 por ciento** a las operaciones siguientes:

1. Las entregas, adquisiciones intracomunitarias o importaciones de los bienes que se indican a continuación:

(...)

7.º Los **edificios o partes de los mismos aptos para su utilización como viviendas, incluidas las plazas de garaje, con un máximo de dos unidades, y anexos en ellos situados que se transmitan conjuntamente**.

En lo relativo a esta ley no tendrán la consideración de anexos a viviendas los locales de negocio, aunque se transmitan conjuntamente con los edificios o parte de los mismos destinados a viviendas.

No se considerarán edificios aptos para su utilización como viviendas las edificaciones destinadas a su demolición a que se refiere el artículo 20, apartado uno, número 22.º, parte A), letra c) de esta ley».

Así las cosas, **para que proceda el tipo de IVA del 10 % es necesario que los edificios o partes de los mismos que se compren sean aptos para su utilización como viviendas. De lo contrario, en principio, procedería el tipo general del 21 %.**

De acuerdo con la doctrina de la Dirección General de Tributos, se entiende que un bien inmueble tiene la consideración de parte de un edificio apta para su utilización como vivienda cuando disponga en el momento de la entrega de la correspondiente cédula de habitabilidad o licencia de primera ocupación y, objetivamente considerado, sea susceptible de ser utilizado como tal. Y también tendría esa condición el inmueble transmitido sin la concesión de dicho certificado si, en la fecha de la transmisión, se había solicitado la cédula de habitabilidad y esta se concede con posterioridad a la transmisión, sin que haya ninguna modificación en el estado y las condiciones que el inmueble tenía en el momento de la solicitud. Así resultaría, entre otras, de la consulta vinculante de la Dirección General de Tributos que luego se cita; y de la resolución del Tribunal Económico-Administrativo Central n.º 972/2018, de 21 de mayo de 2021.

La clave, por tanto, sería determinar si en este supuesto se cumple el requisito para aplicar el tipo reducido o no. Y, en ese sentido, la consulta vinculante de la Dirección General de Tributos (V1706-24), de 11 de julio de 2024, señala lo siguiente:

«(...) cuando la figura de los apartamentos turísticos ha sido objeto de una normativa limitadora por la comunidad autónoma que pudiera exigir una licencia de apertura y funcionamiento como apartamentos turísticos, que excluyese, en su caso, la expedición de la cédula de habitabilidad o licencia de primera ocupación, no cabe calificar los mismos como aptos para su utilización como viviendas.

No obstante, si la normativa autonómica aplicable no contiene previsiones como la citada en el párrafo anterior, por lo que, si los apartamentos turísticos disponen de cédula de habitabilidad o licencia de primera ocupación, la primera entrega de los mismos tributa al tipo impositivo reducido del 10 por ciento».

Por lo tanto, **habrá que atender a la regulación a este respecto de la comunidad autónoma correspondiente.**

Caso práctico | ¿Tributa en AJD la escritura pública de compraventa de una vivienda sujeta al IVA?

PLANTEAMIENTO

Sara compra una vivienda nueva a su promotor. La operación constituye una primera entrega a efectos del IVA y tributa por dicho impuesto. La compraventa se formaliza en escritura pública ante notario, por un precio de 130.000 euros más 13.000 euros en concepto de IVA. El precio pagado es superior al valor de referencia de la vivienda.

Sara tiene claro que tendrá que pagar la cuota fija de la modalidad de actos jurídicos documentados del ITPyAJD, por el papel timbrado en el que se extiende la escritura. ¿Tributará también por la cuota variable de AJD?

RESPUESTA

Sí, Sara tendrá que tributar también por la cuota variable o gradual de AJD, documentos notariales, ya que la transmisión de la vivienda no estuvo sujeta al ITP, sino al IVA, y concurren los demás requisitos necesarios para que entre en juego.

La modalidad de actos jurídicos documentados del ITPyAJD en relación con los documentos notariales se satisface mediante una cuota fija y una cuota variable, según indica el artículo 31 de la LITPyAJD. Dicho precepto establece:

> «1. Las matrices y las copias de las escrituras y actas notariales, así como los testimonios, se extenderán, en todo caso, en papel timbrado de 0,30 euros por pliego o 0,15 euros por folio, a elección del fedatario. Las copias simples no estarán sujetas al impuesto.
> 2. Las primeras copias de escrituras y actas notariales, cuando tengan por objeto cantidad o cosa valuable, contengan actos o contratos inscribibles en los Registros de la Propiedad, Mercantil, de la Propiedad Industrial y de Bienes Muebles no sujetos al Impuesto sobre Sucesiones y Donaciones o a los conceptos comprendidos en los números 1 y 2 del artículo 1 de esta Ley, tributarán, además, al tipo de gravamen que, conforme a lo previsto en la Ley 21/2001, de 27 de diciembre, por la que se regulan las medidas fiscales y administrativas del nuevo sistema de financiación de las Comunidades Autónomas de régimen común y Ciudades con Estatuto de Autonomía, haya sido aprobado por la Comunidad Autónoma.
> Si la Comunidad Autónoma no hubiese aprobado el tipo a que se refiere el párrafo anterior, se aplicará el 0,50 por 100, en cuanto a tales actos o contratos.
> 3. Por el mismo tipo a que se refiere el apartado anterior y mediante la utilización de efectos timbrados tributarán las copias de las actas de protesto».

Por lo tanto, como la compra de la vivienda estuvo sujeta al IVA y no al ITP, y concurren también el resto de los requisitos que señala el apartado 2 del precepto, procederían tanto la cuota fija como la cuota variable de esta modalidad del impuesto. Su pago corresponderá al adquirente, esto es, a Sara (artículo 29 de la LITPyAJD).

Caso práctico | Tributación en AJD de la escritura de compraventa de inmueble cuando se renuncia a la exención en IVA

PLANTEAMIENTO

Actuando en el marco de su actividad económica, una empresa compra una vivienda en escritura pública ante notario. En principio, se trata de una segunda entrega, así que la operación quedaría exenta de IVA y tendría que tributar por el ITP. Sin embargo, como el comprador adquiere el inmueble en el ejercicio de su actividad empresarial y tiene derecho a deducirse el IVA soportado, decide renunciar a la exención del IVA. Con ello, la adquisición tributa por IVA (y no por ITP).

¿Habrá que tributar por la modalidad de AJD del ITPyAJD?

RESPUESTA

En principio, la compraventa estaría exenta de IVA y debería tributar por el ITP. No obstante, como el comprador es empresario y se cumplen los requisitos que el apartado Dos del artículo 20 de la LIVA establece para que pueda renunciarse a la exención de IVA, la operación queda sujeta al IVA y tributa por esa vía. Por lo tanto, y *a priori*, parece que se cumplirían los requisitos para que procedan tanto la cuota fija como la cuota variable de AJD.

Según se indica en el planteamiento, de entrada, la operación estaría sujeta al IVA, pero exenta en virtud del apartado Uno.22.º del artículo 20 de la LIVA.

La posibilidad de renunciar a la exención en IVA se recoge en el artículo 20.Dos de la LIVA, a cuyo tenor:

> «Dos. Las exenciones relativas a los números 20.º y 22.º del apartado anterior podrán ser objeto de renuncia por el sujeto pasivo, en la forma y con los requisitos que se determinen reglamentariamente, cuando el adquirente sea un sujeto pasivo que actúe en el ejercicio de sus actividades empresariales o profesionales y se le atribuya el derecho a efectuar la deducción total o parcial del Impuesto soportado al realizar la adquisición o, cuando no cumpliéndose lo anterior, en función de su destino previsible, los bienes adquiridos vayan a ser utilizados, total o parcialmente, en la realización de operaciones, que originen el derecho a la deducción».

Por otra parte, en cuanto a la tributación por la modalidad de actos jurídicos documentados, documentos notariales, del ITPyAJD, el artículo 31 de la LITPyAJD establece:

> «1. Las matrices y las copias de las escrituras y actas notariales, así como los testimonios, se extenderán, en todo caso, en papel timbrado de 0,30 euros por pliego o 0,15 euros por folio, a elección del fedatario. Las copias simples no estarán sujetas al impuesto.

2. Las primeras copias de escrituras y actas notariales, cuando tengan por objeto cantidad o cosa valuable, contengan actos o contratos inscribibles en los Registros de la Propiedad, Mercantil, de la Propiedad Industrial y de Bienes Muebles no sujetos al Impuesto sobre Sucesiones y Donaciones o a los conceptos comprendidos en los números 1 y 2 del artículo 1 de esta Ley, tributarán, además, al tipo de gravamen que, conforme a lo previsto en la Ley 21/2001, de 27 de diciembre, por la que se regulan las medidas fiscales y administrativas del nuevo sistema de financiación de las Comunidades Autónomas de régimen común y Ciudades con Estatuto de Autonomía, haya sido aprobado por la Comunidad Autónoma.

Si la Comunidad Autónoma no hubiese aprobado el tipo a que se refiere el párrafo anterior, se aplicará el 0,50 por 100, en cuanto a tales actos o contratos.

(...)».

Como la compraventa se formaliza en escritura pública, habrá que satisfacer la cuota fija de la modalidad de AJD, del primer apartado del precepto. También procederá la cuota variable, al concurrir los distintos requisitos que exige el artículo 31.2 de la LITPyAJD:

– Que se trate de primeras copias de escrituras y actas notariales. Este requisito se cumple.

– Que el documento tenga por objeto cantidad o cosa valuable. La escritura tiene por objeto la transmisión de la propiedad de una vivienda, valorable en dinero, por lo que también concurriría este segundo requisito.

– Que el documento contenga actos o contratos inscribibles en los registros de la propiedad, mercantil, de la propiedad industrial y de bienes muebles. Dicho requisito también concurriría, pues el inmueble que se adquiere sería susceptible de ser inscrito en el registro de la propiedad.

– Que no sean actos sujetos al ISD o a los conceptos comprendidos en las modalidades de transmisiones patrimoniales onerosas o de operaciones societarias del ITPyAJD. Este requisito también concurre, porque el comprador renuncia a la exención en el IVA y la operación no queda sujeta al ITP, sino que tributa por el IVA.

Caso práctico | Responsabilidad del comprador por las deudas del IBI pendientes de años anteriores a la compraventa

PLANTEAMIENTO

Mario adquirió un terreno urbanizable en el año 2023. Algo después, se le notificó un requerimiento de pago del Impuesto sobre Bienes Inmuebles (IBI) correspondiente a los ejercicios 2023 y 2022, por hipoteca legal tácita; y también se le requerían los pagos pendientes de los años 2015 a 2021.

¿Es ello correcto? ¿Puede requerírsele el pago de esas deudas tributarias pendientes?

RESPUESTA

En virtud del derecho de afección que establece el artículo 64.1 de la LRHL y de la hipoteca legal tácita que prevé el artículo 78 de la LGT, el adquirente del inmueble tendrá que responder de las deudas del IBI pendientes de cobro de ejercicios no prescritos, en los términos y condiciones que en dichos preceptos se establecen (se verán a continuación).

El Impuesto sobre Bienes Inmuebles o IBI es un impuesto directo que grava el valor de determinados derechos, incluido el derecho de propiedad, si recaen sobre bienes inmuebles rústicos, urbanos y de características especiales. Se regula en los artículos 60 y siguientes del Real Decreto Legislativo 2/2004, de 5 de marzo, por el que se aprueba el texto refundido de la Ley Reguladora de las Haciendas Locales (LRHL). De acuerdo con el artículo 75 de la LRHL, el IBI se devenga el primer día del período impositivo, coincidiendo el período impositivo con el año natural. Por lo tanto, **el devengo del IBI se produce el día 1 de enero de cada año.**

Para aquellos supuestos en los que el bien inmueble sobre el que recae el IBI es objeto de transmisión, la normativa tributaria establece previsiones específicas que suponen que el comprador o adquirente deba responder por las deudas previas pendientes en determinados términos:

- El artículo 78 de la LGT regula la denominada hipoteca legal tácita, estableciendo que «en los tributos que graven periódicamente los bienes o derechos inscribibles en un registro público o sus productos directos, ciertos o presuntos, el Estado, las comunidades autónomas y las entidades locales tendrán preferencia sobre cualquier otro acreedor o adquirente, aunque éstos hayan inscrito sus derechos, para el cobro de las deudas devengadas y no satisfechas correspondientes al año natural en que se exija el pago y al inmediato anterior».

- El artículo 64.1 de la LRHL afecta los bienes que se transmitan al pago del siguiente modo:

   «1. En los supuestos de cambio, por cualquier causa, en la titularidad de los derechos que constituyen el hecho imponible de este impuesto, los bienes inmuebles objeto de dichos derechos quedarán afectos al pago de la totalidad de la cuota tributaria, en régimen de responsabilidad subsidiaria, en los términos previstos en la Ley General Tributaria. A estos efectos, los notarios solicitarán información y advertirán expresamente a los comparecientes en los documentos que autoricen sobre las deudas pendientes por el Impuesto sobre Bienes Inmuebles asociadas al inmueble que se transmite, sobre el plazo dentro del cual están obligados los interesados a presentar declaración por el impuesto, cuando tal obligación subsista por no haberse aportado la referencia catastral del inmueble, conforme al apartado 2 del artículo 43 del texto refundido de la Ley del Catastro Inmobiliario y otras normas tributarias, sobre la afección de los bienes al pago de la cuota tributaria y, asimismo, sobre las responsabilidades en que incurran por la falta de presentación de declaraciones, el no efectuarlas en plazo o la presentación de declaraciones falsas, incompletas o inexactas, conforme a lo previsto en el artículo 70 del texto refundido de la Ley del Catastro Inmobiliario y otras normas tributarias».

Ambas figuras son compatibles, de modo que, como señala, por ejemplo, la consulta vinculante de la Dirección General de Tributos (V2111-23), de 19 de julio de 2023:

- En virtud de la **hipoteca legal tácita** del artículo 78 de la LGT, la **garantía solo se extiende a la deuda del IBI correspondiente al año en que se exija el pago y la inmediata anterior**.

- El **derecho de afección** del artículo 64 de la LRHL se extiende a **todas las deudas del IBI pendientes de cobro de ejercicios no prescritos**.

En el caso de la **afección real del inmueble que establece el artículo 64 de la LRHL**, ante una transmisión del derecho de propiedad de un inmueble por compraventa, si existen deudas del IBI pendientes, esas deudas podrán exigirse al adquirente en régimen de responsabilidad tributaria, una vez finalizado el procedimiento de apremio contra el deudor principal (el transmitente) y declarado fallido el mismo. Así se desprende de los artículos 41 (apartados 1 y 5), 43.1.d) y 79.1 de la LGT; así como del artículo 67 del Real Decreto 939/2005, de 29 de julio, por el que se aprueba el Reglamento General de Recaudación (RGR). Por lo tanto, tratándose de esa afección real, la calificación del adquirente como responsable tributario implica la **necesidad de declaración de fallido del deudor principal y la exclusión de los intereses de demora y del recargo de apremio**, así como la tramitación del **procedimiento establecido en el artículo 176 de la LGT** en el que se declare la responsabilidad del adquiriente, notificándose al mismo.

Sin embargo, según se indicó, en este supuesto también operaría la **hipoteca legal tácita** del artículo 78 de la LGT, con respecto a la cual también habría que tener en cuenta los artículos 65 y 74 del RGR. Para la ejecución de esta garantía, el artículo 74.4 del RGR establece que, si el bien pertenece a persona distinta del obligado tributario, se comunicará a dicha persona o entidad el impago del importe garantizado, requiriéndole para que, en el plazo establecido en el artículo 62.5 de la LGT, ponga el bien a disposición del órgano de recaudación, salvo que pague la cuantía debida. En esa medida, en el caso de la hipoteca legal tácita **no es necesaria la declaración de fallido del deudor principal ni la declaración de responsabilidad, al no tratarse de un supuesto de responsabilidad** tributaria, sino de una garantía real del crédito tributario.

Para la ejecución de la garantía que supone la hipoteca legal tácita, atendiendo al artículo 74.1 del RGR, basta con que el obligado al pago no haya satisfecho la deuda tributaria del IBI a la que se extiende la garantía en el período voluntario de pago del artículo 62.3 de la LGT, que se haya iniciado el procedimiento de apremio contra el mismo y que este tampoco pague el importe de la deuda en el plazo del artículo

62.5 de la LGT. Una vez transcurrido este último plazo, el órgano de recaudación competente comunicará tal circunstancia al titular del bien, requiriéndole para que en el plazo establecido en el artículo 62.5 de la LGT pague la deuda o ponga el bien a disposición del órgano de recaudación.

En definitiva, para que se le pueda exigir al comprador la deuda pendiente del IBI en virtud de la hipoteca legal tácita (esto es, en los ejercicios 2023 y 2022) no sería necesaria la previa declaración de fallido del obligado al pago, ni la declaración de responsabilidad de aquel. Ahora bien, para los pagos correspondientes a los ejercicios previos, que no quedarían amparados por la hipoteca legal tácita, se aplicaría el derecho de afección a todas las deudas del IBI pendientes de cobro de ejercicios no prescritos; y, en ese supuesto, la responsabilidad del comprador, al ser subsidiaria, implica la necesidad de declaración de fallido del deudor principal y la exclusión de los intereses de demora y del recargo de apremio, así como la tramitación del procedimiento previsto en el artículo 176 de la LGT, en el que se declare la responsabilidad del adquiriente, notificándose al mismo.

Caso práctico | Imputación temporal en IRPF de la ganancia patrimonial por venta de inmueble en contrato privado luego elevado a escritura pública

PLANTEAMIENTO

María transmitió un inmueble de su propiedad en virtud de un contrato privado de compraventa firmado en 2023. Posteriormente, en 2024, ese contrato privado se ha elevado a escritura pública para inscribir la adquisición en el registro de la propiedad.

¿A qué ejercicio tendrá que imputar la ganancia o pérdida patrimonial derivada de esa venta en su declaración del IRPF?

RESPUESTA

Conforme a la normativa del IRPF, la ganancia o pérdida patrimonial derivada de la venta del inmueble se entenderá producida en el período impositivo en el que se otorgue la escritura pública, salvo que se acredite la entrega de la misma en un momento anterior.

La transmisión de un inmueble genera para el transmitente una ganancia o pérdida patrimonial, de acuerdo con el artículo 33 de la LIRPF (en su apartado 1). Su cálculo se realizará conforme a las reglas de los artículos 34 y siguientes de la LIRPF.

En cuanto a su imputación temporal, el apartado 1.c) del artículo 14 de la LIRPF establece que, por regla general, «las ganancias y pérdidas patrimoniales se imputarán al período impositivo en que tenga lugar la alteración patrimonial». En ese sentido, conviene tener en cuenta lo siguiente, tal y como razona la consulta vinculante de la Dirección General de Tributos (V1292-24), de 4 de junio de 2024:

> «(...) el artículo 1.462 del Código Civil dispone que "Se entenderá entregada la cosa vendida, cuando se ponga en poder y posesión del comprador.
>
> Cuando se haga la venta mediante escritura pública, el otorgamiento de ésta equivaldrá a la entrega de la cosa objeto del contrato, si de la misma escritura no resultare o se dedujere claramente lo contrario".
>
> En relación a lo anterior, debe tenerse en consideración que el Derecho español, según el Tribunal Supremo y la opinión mayoritaria de la doctrina, recoge la teoría del título y el modo, de tal manera que "la constancia de un contrato de compraventa en documento privado no transfiere por sí sola el dominio si no se acredita la tradición de la cosa vendida" (Sentencia de 27 de abril de 1983).
>
> Es decir, la suscripción de un contrato privado de compraventa no comporta, por sí mismo, la adquisición de la cosa. Para transferir el dominio será necesario, además, que se produzca la tradición o entrega de la cosa vendida, con independencia de las posibles obligaciones futuras o aplazadas.
>
> La tradición puede realizarse de múltiples formas, entre las que pueden citarse para los bienes inmuebles: la puesta en poder y posesión de la cosa vendida, la entrega de las llaves o de los títulos de pertenencia o el otorgamiento

de escritura pública; dicho otorgamiento, conforme dispone el Código Civil, equivale a la entrega siempre y cuando de ésta no resulte o se deduzca lo contrario».

Por lo tanto, la ganancia o pérdida patrimonial derivada de la venta del inmueble se entenderá producida en el **período impositivo en el que se otorgue la escritura pública, salvo que se acredite la entrega de la misma en un momento anterior. La acreditación de la entrega deberá probarse por cualquiera de los medios de prueba admitidos en derecho** (artículo 106 de la LGT) y corresponderá a los órganos de gestión e inspección de la Administración Tributaria la valoración de esa prueba. En ausencia de prueba, se tomará la fecha de la escritura pública.

ANEXO II.
FORMULARIOS

Contrato de compraventa de vivienda con condición suspensiva. Falta de pago

En [LOCALIDAD], a [DÍA] de [MES] de [AÑO]

REUNIDOS

DE UNA PARTE, D./D.ª [NOMBRE CLIENTE], mayor de edad, con domicilio en [DOMICILIO CLIENTE] y DNI núm. [NÚMERO] en lo sucesivo la VENDEDORA y DE OTRA, D./D.ª [NOMBRE PARTE CONTRARIA], mayor de edad, con domicilio en [DOMICILIO PARTE CONTRARIA] y DNI núm. [NÚMERO], en lo sucesivo la COMPRADORA.

INTERVIENEN

Ambas partes en su propio nombre y derecho, reconociéndose recíprocamente capacidad y legitimación suficiente para contratar y, en concreto, suscribir el presente **CONTRATO DE COMPRAVENTA CON CONDICIÓN SUSPENSIVA** y, a tal efecto

MANIFIESTAN

I.- La VENDEDORA es la actual propietaria, con el 100 % del pleno dominio, de la vivienda sita en [ESPECIFICAR], inscrita en el Registro de la Propiedad de [LOCALIDAD], tomo [NÚMERO], libro [NÚMERO], folio [NÚMERO], finca [NÚMERO], inscripción [NÚMERO].

Procede de la división horizontal del edificio [NÚMERO] situado en la parcela [NOMBRE] con cuatro frentes, uno a [NOMBRE] otro a [NOMBRE] otro a [NOMBRE] y otro a [NOMBRE]. Tiene una superficie de [NÚMERO] metros cuadrados, y distribuida en [NOMBRE].

Referencia catastral [NÚMERO].

Se le asignan las siguientes cuotas de participación en los elementos comunes: [NÚMERO].

Título: comprada en la entidad [NOMBRE], por escritura de [DÍA] de [MES] de [AÑO] ante Notario de [LOCALIDAD] D./D.ª [NOMBRE NOTARIO], protocolo número [NÚMERO] en lo sucesivo, la FINCA.

II.- La VENDEDORA declara que la FINCA no se encuentra alquilada, estando al corriente de pago de gastos e impuestos, así como libre de cargas y gravámenes.

(Se adjunta al presente documento, como **anexo** [NÚMERO], nota simple registral de la FINCA).

III.- Es intención de las partes intervinientes celebrar un contrato de COMPRAVENTA, por el que la VENDEDORA vende la FINCA a la COMPRADORA que la adquiere, sujeto a condición suspensiva, el cual se regirá por las cláusulas siguientes:

CLÁUSULAS

PRIMERA.- Objeto

El objeto de este contrato es la compraventa de la FINCA, vendida por la VENDEDORA y adquirida por la COMPRADORA, con aplicación de las cláusulas contenidas en el presente documento, entre las que se establece una condición suspensiva.

El COMPRADOR declara conocer y aceptar el estado de la FINCA.

SEGUNDA.- Precio y pago

Se fija como precio total de la compraventa la cantidad de [CANTIDAD EN LETRA] euros ([CANTIDAD EN NÚMERO] euros).

En este acto se hace entrega de la cantidad de [CANTIDAD EN LETRA] euros ([CANTIDAD EN NÚMERO] euros, mediante cheque bancario conformado, correspondiendo al [NÚMERO] % del precio total de venta.

El resto de la cuantía convenida será ingresada en la cuenta bancaria abierta a nombre del VENDEDOR, en la entidad [NOMBRE], número de cuenta [NÚMERO], con anterioridad o el propio día [FECHA], siendo, por tanto, abonable, la cantidad de [CANTIDAD EN LETRA] euros ([CANTIDAD EN NÚMERO] euros.

TERCERA.- Condición suspensiva

El COMPRADOR adquiere la FINCA, bajo la siguiente condición.

En un plazo no superior a [NÚMERO] meses, la COMPRADORA notificará a la VENDEDORA la obtención de la financiación necesaria para proceder al pago total del precio y consecuente otorgamiento de escritura pública de venta, dando así firmeza al presente contrato.

En el supuesto de no obtención de la financiación necesaria por la COMPRADORA, esta vendrá obligada a reintegrar sin más dilación el inmueble a la VENDEDORA en el mismo estado en que se encontraba antes de poseerlo.

La VENDEDORA podrá retener el total de la cantidad recibida hasta la fecha de reintegración del inmueble. Una vez se produzca esta, la VENDEDORA devolverá el capital que la COMPRADORA le hubiere entregado, con la deducción de un [PORCENTAJE] %.

Lo anterior producirá la resolución del contrato.

CUARTA.- Entrega de llaves y posesión

En este acto, la VENDEDORA hace entrega a la COMPRADORA de las llaves de la FINCA, tomando, asimismo, la COMPRADORA, la posesión de la misma, quedando pendiente la perfección contractual al cumplimiento de la condición suspensiva relatada en la cláusula anterior.

QUINTA.- Vicios ocultos

La COMPRADORA manifiesta conocer perfectamente el estado en que se encuentra la FINCA, el cual acepta sin condiciones ni reservas de ninguna clase; pero todo ello sin perjuicio de la responsabilidad imputable a la VENDEDORA por vicios redhibitorios que pudieran aparecer en el futuro, como, asimismo, la responsabilidad que les cupiere por evicción.

SEXTA.- Cargas y gravámenes

La VENDEDORA transmite la FINCA al COMPRADOR libre de toda carga y gravamen; pero quedará perfeccionada la transmisión patrimonial con el otorgamiento de la escritura pública de venta y abono del total del precio acordado.

SÉPTIMA.- Escritura pública

A partir del momento en que el presente contrato tenga la vía expedita para adquirir firmeza y, en un plazo máximo de [NÚMERO] días computados a partir de esa fecha, las partes se comprometen al otorgamiento de la correspondiente escritura pública de compraventa, para lo cual la COMPRADORA deberá notificar a la VENDEDORA, día, hora, lugar y notaría en que tendrá efecto dicho otorgamiento y simultáneo pago de la cantidad pendiente de abono.

OCTAVA.- Saneamiento

Del saneamiento por evicción y por los vicios ocultos responderá la parte vendedora conforme a derecho, y a la normativa de aplicación, en concreto con lo expresado en el Código Civil.

NOVENA.- Gastos e impuestos

Se pacta expresamente que los gastos de formalización de la presente escritura, así como su elevación a pública, se abonarán por las partes por mitad.

Con respecto al acceso al registro de la propiedad, será a exclusivo cargo del COMPRADOR, al igual que la liquidación del Impuesto sobre Transmisiones Patrimoniales y Actos Jurídicos Documentados.

Será a cargo del VENDEDOR el abono tanto del Impuesto sobre Bienes Inmuebles (IBI), como el Impuesto sobre el Incremento de Valor de los Terrenos de Naturaleza Urbana (PLUSVALÍA).

Todos aquellos gastos e impuestos que se deriven del presente contrato, diferentes a los anteriores, serán de obligada liquidación por la parte a la que le corresponda legalmente.

DÉCIMA.- Notificaciones

Los firmantes acuerdan como medio de comunicación preferente el correo electrónico, conociendo y asumiendo, que el correo electrónico puede presentar fallo o vulnerabilidades, sin perjuicio de la posibilidad de utilizar otros medios.

- La COMPRADORA señala como dirección de comunicación electrónica: [ESPECIFICAR].
- La VENDEDORA señala que su correo electrónico a estos efectos es [ESPECIFICAR].

UNDÉCIMA.- Comunidad de propietarios

La COMPRADORA se compromete, tan pronto como (sea inscrita en el registro de la propiedad/sea elevada a público) esta compraventa, a notificar de forma inmediata, al administrador y presidente de la comunidad de propietarios, la transmisión operada en la propiedad individual a fin de que se entiendan con él las sucesivas obligaciones y notificaciones que deba practicarle la comunidad en cuestión.

La FINCA se encuentra al corriente en el pago de gastos de la comunidad de propietarios, según acredita la parte VENDEDORA mediante certificado del secretario de la comunidad con el visto bueno del presidente, emitida conforme al art. 9 de la Ley de Propiedad Horizontal.

Se adjunta el mismo, como anexo núm. [NÚMERO].

DUODÉCIMA.- Eficiencia energética

De conformidad con el Real Decreto 390/2021, de 1 de junio, por el que se aprueba el procedimiento básico para la certificación de la eficiencia energética de los edificios, el comprador reconoce que el vendedor le ha entregado copia de la etiqueta energética con la que debidamente cuenta el inmueble, y declara conocer la existencia de este certificado de eficiencia energética desde el momento de su promoción.

DECIMOTERCERA.- Compromiso de mediación y cláusula arbitral

Para la solución de cualquier controversia derivada de la interpretación de este contrato, tanto del arrendamiento como de la compraventa, las partes se comprometen a intentar la mediación y la resolución de sus discrepancias a través del Centro de Mediación de [ESPECIFICAR], y en caso de no conseguirlo, se someterán al arbitraje institucional del Tribunal Arbitral del Ilustre Colegio de [ESPECIFICAR] de [PROVINCIA], al que se le encomienda la designación del árbitro o árbitros y la administración del arbitraje, de acuerdo con la legislación vigente.

Para que así conste y se haga valer ante quien corresponda, las partes firman dos ejemplares idénticos, uno para cada interviniente, en lugar y fecha indicado en el encabezamiento del presente documento.

Y para que así conste, suscriben las partes el presente documento, por duplicado ejemplar y a un solo efecto, en el lugar y fecha arriba indicados.

Fdo.: La COMPRADORA | Fdo.: La VENDEDORA

Contrato de compraventa de vivienda con subrogación en préstamo hipotecario

En [LOCALIDAD] a [DÍA] de [MES] de [AÑO]

REUNIDOS

De una parte, D./D.ª [NOMBRE], mayor de edad, de nacionalidad [NACIONA-LIDAD] con DNI [DNI], [ESTADO_CIVIL], con domicilio en [DOMIC LIO]; y, de otra, D./D.ª [NOMBRE], mayor de edad, de nacionalidad [NACIONALIDAD] con DNI [DNI], soltero/a, con domicilio en [DOMICILIO].

INTERVIENEN

D./D.ª [NOMBRE] en su propio nombre y representación. En adelante la «VENDE-DORA».

D./D.ª [NOMBRE] en su propio nombre y representación. En adelante se le deno-minará la «COMPRADORA».

Las partes se reconocen mutuamente la capacidad y legitimación suficiente para la formalización del presente contrato, y a tal efecto

EXPONEN

I.- LA VENDEDORA es propietaria, en pleno dominio y por el título que más adelan-te se dirá de la/s siguiente/s finca/s:

- [DESCRIPCIÓN REGISTRAL].
- [REFERENCIA REGISTRAL].

- TÍTULO: el inmueble descrito anteriormente es propiedad de la VENDEDORA en virtud de escritura de compraventa de fecha de [FECHA], otorgada ante el notario de [COLEGIO NOTARIO], D./D.ª [NOMBRE NOTARIO] con el n.º [NÚMERO NOTARIAL] de protocolo.

- CARGAS Y ARRENDATARIOS: la finca antes descrita se encuentra libre de car-gas, gravámenes, arrendatarios y ocupantes, según manifiesta la parte VENDEDORA, que acepta la parte COMPRADORA. Asimismo, se halla al corriente del pago de los gastos de la comunidad de propietarios según manifiesta la VENDEDORA, cuya rea-lidad quedará acreditada mediante la entrega del certificado que se adjuntará en el momento de la firma de la escritura pública de compraventa.

Se adjunta la siguiente documentación: (1)

- Cédula de habitabilidad como ANEXO [NÚMERO].
- Certificado de eficiencia energética como ANEXO [NÚMERO].
- Recibo del Impuesto de Bienes Inmuebles como ANEXO [NÚMERO].
- Certificado de dominio y cargas como ANEXO [NÚMERO].

II.- Interesando a ambas partes la compraventa de la vivienda indicada en el EX-POSITIVO I, se otorga el presente **CONTRATO DE COMPRAVENTA DE VIVIENDA** en base a las siguientes:

CLÁUSULAS

PRIMERA.- REGULACIÓN

El presente contrato se otorga conforme a lo regulado por las partes y supletoriamente será de aplicación lo establecido en el Código Civil **(2)**.

SEGUNDA.- OBJETO DE COMPRAVENTA

La VENDEDORA vende a D./D.ª [NOMBRE] la finca descrita en el EXPOSITIVO I a D./D.ª [NOMBRE] que compra.

La venta se hace con cuantos derechos, usos, servicios y servidumbres le sean inherentes a la vivienda vendida y resulten del proyecto de edificación o de las normas urbanísticas de la zona, que la COMPRADORA declara conocer.

La vivienda se entrega libre de cargas, gravámenes, arrendatarios y ocupantes, según manifiesta la parte VENDEDORA, que acepta la parte COMPRADORA. Asimismo, se halla al corriente del pago de los gastos de los suministros de agua y electricidad, y de los gastos de la comunidad de propietarios según manifiesta la VENDEDORA, cuya realidad quedará acreditada mediante la entrega del certificado que se adjuntará en el momento de la firma de la escritura pública de compraventa.

TERCERA.- SUBROGACIÓN EN EL PRÉSTAMO HIPOTECARIO SUSCRITO POR LA PARTE VENDEDORA

La parte COMPRADORA se subroga en el contrato de préstamo con garantía hipotecaria sobre la vivienda, con lo que el COMPRADOR retendrá en su poder y descontará, la cantidad que se haya previsto obtener como principal del préstamo hipotecario, por lo que la parte COMPRADORA se compromete a asumir en el momento de la firma de la escritura pública de compraventa y de subrogación en el préstamo la condición jurídica de deudor y, a hacer efectivo su pago, incluyendo la cantidad correspondiente a los intereses, comisiones y amortizaciones que correspondan, en los plazos y condiciones que sean fijados, subrogándose no sólo en la garantía hipotecaria, sino también en la obligación personal y demás responsabilidades derivadas del préstamo hipotecario con aquélla garantizada; siempre que la entidad de crédito preste su conformidad expresa o tácita, según lo dispuesto en el artículo 118 de la Ley Hipotecaria.

En lo que concierne a los intereses del préstamo, la parte VENDEDORA vendrá obligada a pagar los que se devenguen con anterioridad al otorgamiento de la escritura y subrogación en el préstamo. No obstante, serán a cuenta de la parte COMPRADORA los intereses devengados desde la puesta a disposición de la vivienda si el otorgamiento de la escritura y subrogación se demoran por causa que le sea imputable.

CUARTA.- PRECIO Y FORMA DE PAGO

El precio total de esta compraventa asciende a la cantidad de [CANTIDAD EN LETRA] euros ([CANTIDAD] euros), realizándose el pago de la siguiente manera:

a) Por el importe de [CANTIDAD EN LETRA] euros [CANTIDAD EN LETRA] euros ([CANTIDAD] euros) mediante [MEDIO DE PAGO] en la cuenta bancaria número [NÚMERO CUENTA], sirviendo el presente contrato como la más eficaz carta de pago.

b) Por el importe de [CANTIDAD EN LETRA] euros ([CANTIDAD] euros) en [CANTIDAD] pagos domiciliados, que corresponden en su totalidad a la vivienda, que serán presentados según orden de domiciliación bancaria de la COMPRADORA, en el n.º de cuenta bancaria [NÚMERO CUENTA], por los importes y vencimientos siguientes:

- [DESCRIPCIÓN]
- [DESCRIPCIÓN]

En cuanto a los efectos del pago de las reseñadas cantidades aplazadas, en ningún caso, el pago domiciliado de una de ellas prejuzgará las anteriores.

c) El importe restante de [CANTIDAD EN LETRA] euros ([CANTIDAD] euros), en el momento de la firma de la escritura pública de compraventa, la CCMPRADORA deberá hacer entrega a la VENDEDORA.

El pago de todas las antedichas cantidades es condición necesaria para el otorgamiento de la escritura pública de compraventa.

QUINTA.- ENTREGA DE LA VIVIENDA

La entrega de las llaves del piso a la parte COMPRADORA se llevará a efecto en el momento de la elevación a público del presente contrato. En el momento de la entrega, el comprador se compromete a subrogarse en la hipoteca que exista sobre la vivienda, aceptando las condiciones financieras pactadas en la misma (3).

Se reconoce el derecho a la elección de notario que corresponde a la COMPRADORA, que designa al notario de [COLEGIO NOTARIO], quien se compromete a firmar dicha escritura no más tarde de la fecha [FECHA]. Todo ello de conformidad con los artículos 1279 y 1280.1 del Código Civil.

SEXTA.- CAUSAS DE RESOLUCIÓN A FAVOR DE LA COMPRADORA

Es causa de resolución de pleno derecho del presente contrato de compraventa la no comparecencia de la VENDEDORA el día previsto para el otorgamiento de la escritura pública de compraventa, o aun compareciendo no hubiera pocido formalizar el otorgamiento de la escritura pública de compraventa por cualquier causa, si esta no fuere imputable a la COMPRADORA, todo ello salvo acuerdo en otro sentido entre las partes formalizado por escrito en documento público.

Para el caso de que se produjese la resolución de este contrato por las causas indicadas en esta estipulación, las cantidades recibidas serán devueltas dobladas a la COMPRADORA en unión de los intereses de demora fijados en el interés legal del dinero.

Para la resolución del presente contrato de compraventa, dándose las causas que se indican en esta cláusula, no será necesaria resolución judicial.

SÉPTIMA.- CAUSAS DE RESOLUCIÓN A FAVOR DEL VENDEDOR

La falta de pago por parte de la COMPRADORA de cualquiera de las cantidades que integran el precio o el incumplimiento por aquella de cualquiera de las obligaciones que contrae por el presente documento, es causa de resolución del presente contrato de compraventa y facultará a la VENDEDORA para instar dicha resolución en las siguientes condiciones:

a) Bastará para dar por resuelta la compraventa el requerimiento de resolución previsto en el artículo 1504 del Código Civil, si bien, en todo caso, se concede a la COMPRADORA un plazo de gracia de [PLAZO DÍAS] días naturales a contar desde la notificación de la resolución para hacer efectiva la cantidad adeudada o realizar el cumplimiento de la obligación incumplida.

b) En caso de resolución, LA VENDEDORA hará suyas el 100 % de las cantidades ya abonadas por la COMPRADORA a cuenta del precio.

c) En caso de impago, LA VENDEDORA podrá optar por exigir el cumplimiento de lo pactado en este contrato.

d) Las partes establecen de mutuo acuerdo que los intereses de demora en caso de impago quedarán fijados en el interés Euribor anual último publicado en el BOE más [CANTIDAD] puntos porcentuales, contados a partir de la fecha en cue el impago se produzca, sin necesidad de intimación o requerimiento.

e) Los gastos de protesto notarial y bancarios serán a cuenta de la COMPRADORA.

f) Para la resolución del presente contrato de compraventa, dándose las causas que se indican en esta cláusula, no será necesaria resolución judicial.

OCTAVO.- GASTOS E IMPUESTOS

Los gastos concernientes al otorgamiento de la escritura pública de la compraventa serán según ley. A este respecto los gastos de honorarios, impuestos y tributos, excepto el Impuesto sobre el Incremento del Valor de los Terrenos de Naturaleza Urbana que será satisfecho por la VENDEDORA, que se originen por los actos, negocios jurídicos y escrituras del presente contrato, serán satisfechos por la COMPRADORA.

NOVENA.- ESTADO DE CONSERVACIÓN DE LA VIVIENDA

La COMPRADORA declara conocer su estado de conservación y apariencia. La VENDEDORA queda obligada al saneamiento por evicción de defectos ocultos que impidan o disminuyan gravemente su uso; y responderá de la veracidad de su exposición y de cualquier carga, gravamen o limitación existente y no manifestada en el presente contrato.

DÉCIMA.- NOTIFICACIONES

Se fija como domicilio legal de la COMPRADORA para toda clase de actuaciones judiciales, extrajudiciales, notificaciones y requerimientos, el que figura en el encabezamiento del presente contrato hasta que se entreguen las llaves de la vivienda, en cuyo caso será el correspondiente a la vivienda entregada el domicilio; y como domicilio legal de LA VENDEDORA, el reseñado en el encabezamiento de este contrato.

UNDÉCIMA.- JURISDICCIÓN

Las partes se someten expresamente, para cuantas controversias puedan surgir de este contrato, a la jurisdicción de los juzgados y tribunales de [LUGAR], con renuncia expresa a cualquier otro fuero que pudiera corresponderles.

Y en prueba de conformidad, firman las partes el presente documento, por duplicado y a un solo efecto, en el lugar y fecha del encabezamiento.

LA VENDEDORA [FIRMA] | LA COMPRADORA [FIRMA]

---

(1) Al final del documento se adjuntarán los anexos que se describen.

(2) Conviene tener en cuenta, en su caso, la regulación específica que pueda existir en las comunidades autónomas relativa al contrato de compraventa de inmuebles.

(3) Podrá cancelar el préstamo hipotecario, a su criterio, aceptando asumir los gastos que de ello se deriven.

Contrato de promesa de compraventa de vivienda

En [LOCALIDAD], a [DÍA] de [MES] de [AÑO].

REUNIDOS

De una parte, D./D.ª [NOMBRE CLIENTE], mayor de edad, con domicilio en [DOMICILIO] y DNI número [NÚMERO], y de otra parte, D./D.ª [NOMBRE PARTE CONTRARIA], mayor de edad, con domicilio en [DOMICILIO] y DNI número [NÚMERO].

INTERVIENEN

Ambas partes en su propio nombre y derecho, reconociéndose mutuamente capacidad y legitimación suficiente para contratar, y en concreto para suscribir el presente **CONTRATO DE PROMESA DE COMPRAVENTA**, a tal efecto:

EXPONEN

I.- D./D.ª [NOMBRE CLIENTE] es propietario en pleno dominio de la vivienda sita en [LOCALIDAD], [DESCRIPCIÓN DEL INMUEBLE], que tiene una superficie de [NÚMERO] metros cuadrados, y que figura inscrita a su nombre de D./Dña. [NOMBRE CLIENTE] el Registro de la Propiedad número [NÚMERO] de [LOCALIDAD], al tomo [NÚMERO], libro [NÚMERO], sección [NÚMERO], folio [NÚMERO], finca [NÚMERO].

Linda [ESPECIFICAR]

El meritado inmueble fue adquirido por compraventa, según consta en escritura de fecha [DÍA] de [MES] de [AÑO] del Notario de esta capital Don [NOMBRE], señalada con el número [NÚMERO] de su protocolo.

En la actualidad se encuentra libre de cargas y gravámenes.

II.- D./D.ª [NOMBRE PARTE CONTRARIA] interesa la compra del inmueble descrito en el apartado I.

III.- Es intención de las partes la futura suscripción y efectiva realización de la compraventa del meritado inmueble, por lo que deciden suscribir el presente contrato de promesa de compraventa con precio aplazado, con arreglo a las siguientes:

CLÁUSULAS

PRIMERA.- OBJETO

D./D.ª [NOMBRE CLIENTE] se compromete a vender a D./D.ª [NOMBRE PARTE CONTRARIA] y/o a la persona que en su día designe, la vivienda descrita en el apartado anterior.

SEGUNDA.- PRECIO

El precio de la futura compraventa ha sido pactado en [CANTIDAD EN LETRA] euros ([CANTIDAD EN NÚMERO]€), cuyo pago realizará la parte compradora de la siguiente forma:

- [CANTIDAD EN LETRA] euros ([CANTIDAD EN NÚMERO] €) a la firma del presente contrato, sirviendo el mismo como recibo y la más eficaz carta de pago (1).

- [CANTIDAD EN LETRA] euros ([CANTIDAD EN NÚMERO] €) a la firma de la escritura de compraventa que deberá otorgarse antes del día [DIA] de [MES].

- [CANTIDAD EN LETRA] euros ([CANTIDAD EN NÚMERO] €) euros antes del último día del mes de [MES] de [AÑO].

- [CANTIDAD EN LETRA] euros ([CANTIDAD EN NÚMERO] €) euros antes del último día del mes de [MES] de [AÑO].

En concepto de pena convencional el comprador abonará el interés del [NÚMERO]% anual por el retraso en el pago de las cantidades pendientes de abono al vencimiento de cada uno de los plazos establecidos y hasta que sean íntegramente satisfechas.

Se entenderá retraso al hecho de no proceder al abono de la cuantía establecida [ESPECIFICAR].

TERCERA.- ELEMENTOS COMUNES

Además de la plena propiedad del piso, la parte compradora adquirirá una porción o cuota proindiviso, irrenunciable, indivisible e inseparable con la anterior, en las partes y elementos comunes del [PORCENTAJE] %.

CUARTA.- POSESIÓN

La toma de posesión de la vivienda objeto de este contrato que efectúa el comprador por el solo hecho de la firma del presente documento, será a título de tolerancia por parte del vendedor ya que la toma de posesión real y efectiva se llevará a cabo en el momento en que se haya otorgado escritura pública.

A tal efecto, se entrega la vivienda en perfecto estado de habitabilidad, y en perfectas condiciones de funcionamiento las instalaciones de agua y luz.

QUINTA.- GASTOS E IMPUESTOS

Serán a cuenta del comprador los gastos notariales que origine la elevación a escritura pública de la transmisión de la vivienda, su inscripción en el Registro de la Propiedad, así como el Impuesto de Transmisiones Patrimoniales que recaiga sobre la futura operación de compraventa aquí descrita.

El impuesto municipal sobre el Incremento del Valor de los Terrenos de Naturaleza Urbana, será a cuenta del vendedor.

Por virtud de la puesta a disposición del comprador de la vivienda, será de cargo y cuenta del mismo las contribuciones e impuestos que lo graven, a partir de esta fecha, siéndolo igualmente los servicios y suministros del inmueble y las cuotas y derramas correspondientes a los gastos de comunidad de la finca.

SEXTA.- OBRAS

El comprador es conocedor de la necesidad de realización de obras en la estructura del forjado que se encuentra entre el piso [NÚMERO] y el [NÚMERO] que se abonarán entre los copropietarios de la finca de la que forma parte el piso objeto de este contrato.

Por lo tanto el vendedor, a la entrega definitiva de la vivienda tras el otorgamiento de la escritura pública, quedará exento de responsabilidades y obligaciones en todo lo relacionado con la vivienda.

SÉPTIMA.- COMUNIDAD DE PROPIETARIOS

La parte compradora queda obligada al cumplimiento de las normas por las que se rige la comunidad de propietarios del inmueble, normas que declara conocer.

La vivienda se encuentra al corriente en el pago de gastos de la comunidad de propietarios, según acredita la parte VENDEDORA mediante certificado del secretario de la comunidad con el visto bueno del presidente, emitida conforme al artículo 9 de la Ley de Propiedad Horizontal.

OCTAVA.- INCUMPLIMIENTO

Para el caso de que, alguna de las partes contratantes incumpliere las obligaciones del mismo, la parte perjudicada podrá optar, según el artículo 1124 del Código Civil, entre el cumplimiento o la resolución del contrato.

En el caso de exigir el cumplimiento, todos los gastos y costas del procedimiento serán a cuenta de la parte que incumplió lo estipulado.

En el caso de solicitar la resolución contractual, tendrá lugar de pleno derecho dicha resolución y, en caso de incumplimiento por parte del comprador, el vendedor podrá retener de las cantidades entregadas y recibidas en pago del precio, en concepto de resarcimiento de daños, una cantidad equivalente [CANTIDAD] euros por mes o fracción que el comprador haya disfrutado de la posesión de la vivienda.

NOVENA.- EFICIENCIA ENERGÉTICA

De conformidad con el artículo 17 del Real Decreto 390/2021, de 1 de junio, por el que se aprueba el procedimiento básico para la certificación de la eficiencia energética de los edificios, el comprador reconoce que el vendedor ha puesto a su disposición certificado de eficiencia energética con la que debidamente cuenta el inmueble, y declara conocer la existencia de este certificado de eficiencia energética desde el momento de su promoción.

DÉCIMA.- COMUNICACIÓN

Cuando adquiera firmeza la compraventa, la compradora se compromete a notificar de forma inmediata, al administrador y al presidente de la comunidad de propietarios del inmueble, la transmisión operada en la propiedad individual a fin de que se entiendan con las sucesivas obligaciones y notificaciones que deba practicarle la comunidad en cuestión.

Y en prueba de conformidad con todo el contenido de este contrato, lo firman las partes por duplicado y a un sólo efecto, en el lugar y fecha que figuran en el encabezamiento.

Fdo.: [NOMBRE Y FIRMA CLIENTE]   Fdo. [NOMBRE Y FIRMA PARTE CONTRARIA]

---

(1) Es un contrato de compraventa con pago o señal.

Contrato de compraventa con condición resolutoria

En [LOCALIDAD], a [DÍA] de [MES] de [AÑO]

REUNIDOS

De una parte, D./D.ª [NOMBRE CLIENTE], mayor de edad, con DNI [NÚMERO] y con domicilio en [DOMICILIO], en lo sucesivo, el VENDEDOR y de la otra, D./D.ª [NOMBRE PARTE CONTRARIA], mayor de edad, con DNI [NÚMERO] y con domicilio en [DOMICILIO], en lo sucesivo, el comprador,

INTERVIENEN

Ambas partes en su propio nombre y derecho, reconociéndose mutuamente capacidad y legitimación suficiente para contratar y, en concreto, suscribir el presente **CONTRATO DE COMPRAVENTA**, y, a tal fin,

EXPONEN

I.- El vendedor es dueño del 100 % del pleno dominio del inmueble sito en [LUGAR]. Según consta en escritura, de fecha [FECHA] otorgada ante el notario de [LUGAR], protocolo n.º [NÚMERO].

Dicho inmueble figura inscrito en el REGISTRO DE LA PROPIEDAD N.º [NÚMERO] DE [LUGAR], en el tomo [NÚMERO], libro [NÚMERO], folio [NÚMERO], finca n.º [NÚMERO], Inscripción [NÚMERO]. Figura con la referencia catastral número: [NÚMERO].

– **Vivienda de la planta** [NÚMERO], puerta [NÚMERO] del edificio emplazado en la ciudad de [CIUDAD], calle [CALLE], de una superficie útil de [CANTIDAD] m², superficie construida [CANTIDAD] m² que se distribuye en comedor, [NÚMERO] habitaciones, cocina y [NÚMERO] baño/s, que linda por frente y derecha con rellano de la escalera, por la izquierda con la vivienda [NOMBRE] en la misma planta y por fondo con los generales del edificio.

– **Forma parte del edificio emplazado en la ciudad** de [CIUDAD] calle [CALLE] n.º [NÚMERO] cuyo solar ocupa una total superficie de [CANTIDAD] m² y [SITUACIÓN]. Cuenta con [NÚMERO] metros cuadrados construidos y [NÚMERO] metros cuadrados útiles.

La vivienda objeto de la compraventa tiene asignada una cuota del [PORCENTAJE] % de participación en los elementos comunes, cuyo porcentaje es el que sirve de módulo de reparto de beneficios y cargas de la Comunidad de propietarios de la que forma parte, y a los demás efectos que determina la Ley de Propiedad Horizontal 49/1960, de 21 de julio.

Como anexos cuenta con: [DESCRIPCIÓN]

II.- El expresado inmueble se encuentra en edificio en régimen de comunidad, regulada por la Ley de Propiedad Horizontal.

III.- El VENDEDOR manifiesta que el citado inmueble se encuentra libre de cargas, así como de arrendatarios, ocupantes o precaristas.

IV.- La vivienda se encuentra al corriente en el pago de gastos de la comunidad de propietarios, según acredita la parte vendedora mediante certificado del secretario de la comunidad con el visto bueno del presidente, emitida conforme al art. 9 de la Ley de Propiedad Horizontal.

V.- Expuesto cuanto antecede, las partes convienen en celebrar el presente contrato de compraventa de vivienda y anexos descritos en el expositivo primero conforme a las siguientes:

CLÁUSULAS

PRIMERA.- OBJETO

El objeto del presente contrato es regular la compraventa del inmueble descrito en el expositivo primero entre las partes que suscriben el presente contrato.

A este respecto, el VENDEDOR vende el 100 % del pleno dominio de la vivienda, incluyendo la totalidad de los anexos reseñados tanto en el expositivo meritado como en la documentación adjunta al COMPRADOR, quien a su vez acepta y COMPRA obteniendo la propiedad de la vivienda descrita.

La venta se efectúa con cuantos derechos, usos, servicios y servidumbres le sean inherentes a la vivienda y anexos vendidos, incluida la parte proporcional que le corresponde en los elementos comunes del edificio y en las zonas comunes de la urbanización, libre de arrendatarios, ocupantes y cargas.

SEGUNDA.- PRECIO

- Las partes acuerdan fijar el precio total de la compraventa en la cantidad de [CANTIDAD EN LETRA] euros ([CANTIDAD EN NÚMERO] euros).

Los pagos incluirán las siguientes partidas:

- Precio de la vivienda [CANTIDAD EN LETRA] euros ([CANTIDAD EN NÚMERO] euros).
- Precio del garaje [CANTIDAD EN LETRA] euros ([CANTIDAD EN NÚMERO] euros).
- Precio del trastero [CANTIDAD EN LETRA] euros ([CANTIDAD EN NÚMERO] euros).

TERCERA.- FORMA DE PAGO

En este acto hace efectiva la parte compradora la cantidad de [CANTIDAD EN LETRA] euros ([CANTIDAD EN NÚMERO] euros), mediante [MEDIO DE PAGO], a cuenta del precio total, sirviendo la presente como más eficaz carta de pago, dando el VENDEDOR por recibida la cantidad entregada.

El resto de la cantidad convenida: [CANTIDAD EN LETRA] euros ([CANTIDAD EN NÚMERO]) euros, se abonará en el acto de entrega de llaves, mediante [MEDIO DE PAGO] a nombre del vendedor, conformado por entidad bancaria [NOMBRE EMPRESA].

CUARTA.- OTORGAMIENTO DE ESCRITURA PÚBLICA

Ambas partes se obligan a otorgar escritura pública de compraventa en el plazo de [NÚMERO] días naturales.

La elección del notario autorizante corresponderá a la parte compradora

QUINTA.- ENTREGA DEL INMUEBLE (1)

D./D.ª [NOMBRE] se comprometen a hacer entrega a D./D.ª [NOMBRE] de la posesión y de las llaves de la vivienda y anexos en el acto de otorgamiento de escritura pública ante el notario elegido por la parte compradora.

SEXTA.- SANEAMIENTO POR EVICCIÓN Y VICIOS OCULTOS

La parte vendedora responde de saneamiento en caso de evicción y por los vicios ocultos conforme al artículo 1475 y siguientes del Código Civil.

SÉPTIMA.- PAGO DE GASTOS E IMPUESTOS

Los gastos e impuestos consecuencia del otorgamiento de la escritura pública de compraventa serán a cuenta de cada parte conforme a lo establecido legalmente.

En consecuencia, corresponden a la parte compradora los gastos de primera copia de la escritura y posteriores, los de la inscripción de la escritura en el Registro de la Propiedad, el pago del Impuesto de Transmisiones Patrimoniales y del Impuesto de Actos Jurídicos Documentados derivado de la escritura de compraventa.

A la parte vendedora le corresponde abonar los gastos de la escritura matriz y el pago del Impuesto sobre el Incremento del Valor de los Terrenos de Naturaleza Urbana.

A partir de la entrega, vendrá obligada la parte compradora a pagar todos los gastos, impuestos, tasas y arbitrios que se refieran a la vivienda y anexos objeto de este contrato, así como los proporcionales a los elementos comunes que le correspondan.

También serán de cuenta de la parte compradora los gastos y tributos devengados desde la puesta a disposición de la vivienda y anexos si la entrega se demorase por causa que le sea imputable.

OCTAVA.- COMUNIDAD DE PROPIETARIOS

La parte compradora, a partir del día en que se ponga a su disposición la vivienda, participará en la proporción que resulte de la aplicación de los coeficientes que le correspondan, en el mantenimiento de los gastos comunes del edificio y de la zona común de la urbanización.

En este acto, la parte vendedora hace entrega a la parte compradora de los estatutos de la comunidad de propietarios, así como del reglamento de régimen interior.

Se recibe, asimismo, certificado emitido por la secretaría de la comunidad de propietarios en reconocimiento de inexistencia de deuda para con aquella por parte de la propiedad, de conformidad con lo dispuesto en el art. 9 de la Ley de Propiedad Horizontal (LPH).

NOVENA.- SUBROGACIÓN

Por el presente el comprador se subroga en todos aquellos derechos que le corresponden al vendedor.

DÉCIMA.- CERTIFICACIÓN DE LA EFICIENCIA ENERGÉTICA DE LOS EDIFICIOS

De conformidad con el artículo 17 del Real Decreto 390/2021, de 1 de junio, por el que se aprueba el procedimiento básico para la certificación de la eficiencia energética de los edificios, el comprador reconoce que el vendedor le ha entregado copia de la etiqueta energética con la que debidamente cuenta el inmueble, y declara conocer la existencia de este certificado de eficiencia energética desde el momento de su promoción.

UNDÉCIMA.- CONDICIÓN RESOLUTORIA

Se extinguirá el contrato en caso de impago de la cuantía pendiente del precio aplazado.

A este respecto, se le da el carácter de condición resolutoria explícita del artículo 11 de la Ley Hipotecaria(2).

El cumplimiento de esta condición resolutoria facultará a la parte vendedora para dar por resuelto el contrato, con arreglo a las siguientes reglas.

I.- Bastará para dar por resuelta la compraventa de la finca descrita, el requerimiento de resolución previsto en el artículo 1504 del Código Civil, concediéndose a la parte compradora el plazo de [NÚMERO] días (naturales/hábiles), a contar desde la notificación expresada, para hacer efectivas las cantidades adeudadas.

II.- Transcurrido el citado plazo sin que la parte compradora haya abonado las cantidades vencidas, más los gastos de requerimiento, quedará resuelta de pleno derecho la compraventa, sin necesidad de nuevo requerimiento, recuperando la parte vendedora el pleno dominio y la posesión de derecho de la finca, libre de cualquier carga o gravamen impuesto por la parte compradora.

III.- El requerimiento resolutorio mencionado podrá hacerse por conducto notarial o judicial, considerándose bien hecha la notificación si se efectúa por cualquiera de las formas admitidas por la Ley, incluso por edictos.

IV.- A los efectos previstos en los artículos 59 y 175, regla sexta del Reglamento Hipotecario, para constatar en el Registro de la Propiedad el cumplimiento de esta condición resolutoria y, por tanto, la recuperación del dominio de la finca por la parte vendedora y la nueva inscripción a su favor será suficiente presentar copia auténtica del referido requerimiento notarial o judicial de resolución y conminación al pago, sin que ni de tal acta, ni de los Libros del Registro, resulte que la parte compradora haya satisfecho la cantidad aplazada. Asimismo, se acompañará certificación de conforme se ha efectuado la consignación de las cantidades recibidas a cuenta del precio en establecimiento bancario, para su devolución, en su caso, a la parte compradora, previas las deducciones procedentes de acuerdo con la regla siguiente.

V.- En caso de resolución, la parte vendedora retendrá un [NUMERO] % de todas las cantidades ya abonadas, en concepto de pena por incumplimiento, utilización de la finca vendida e indemnización por daños y perjuicios, sin que, en ningún caso, dicha indemnización pueda superar el [PORCENTAJE] % del precio total del inmueble objeto de la presente compraventa por cada año transcurrido desde la fecha del presente contrato. Igualmente quedarán en favor de la parte vendedora cuantas obras e instalaciones de carácter fijo haya introducido la parte compradora en la finca, sin tener que abonar por ello cantidad alguna.

VI.- La parte vendedora, además, retendrá otra cantidad del total satisfecho por la parte compradora, en concepto de gastos y honorarios que en su caso y de cualquier tipo se devenguen por la resolución de la presente transmisión, así como de las acciones correspondientes destinadas al desalojo de los ocupantes que en su caso pudieren haber en la finca transmitida. Las expresadas cantidades anteriores se deducirán, en su caso, directamente por la parte vendedora, de los importes consignados de conformidad con la regla IV, devolviéndose a la parte compradora el saldo que en su caso resultare a su favor.

DUODÉCIMA.- COMPROMISO DE MEDIACIÓN Y CLÁUSULA ARBITRAL

Para la solución de cualquier controversia derivada de la interpretación de este contrato, las partes se comprometen a intentar la mediación y la resolución de sus discrepancias a través del Centro de Mediación de [ESPECIFICAR], y en caso de no conseguirlo, se someterán al arbitraje institucional del Tribunal Arbitral del Ilustre Colegio de [ESPECIFICAR] de [PROVINCIA], al que se le encomienda la designación del árbitro o árbitros y la administración del arbitraje, de acuerdo con la legislación vigente.

DECIMOTERCERA.- NOTIFICACIONES

Los firmantes acuerdan como medio de comunicación preferente el correo electrónico, conociendo y asumiendo el cliente bajo su responsabilidad, que el correo electrónico puede presentar fallo o vulnerabilidades, sin perjuicio de la posibilidad de utilizar otros medios.

– El **VENDEDOR** señala como dirección de comunicación electrónica: [ESPE-CIFICAR].

– EL **COMPRADOR** señala que su correo electrónico a estos efectos es [ESPE-CIFICAR].

Leído el presente documento por ambas partes, y estando conformes con su contenido, lo firman por duplicado en todas las páginas en el lugar y fecha reseñadas en el encabezamiento.

Fdo. [NOMBRE Y FIRMA COMPRADOR] | **Fdo.** [NOMBRE Y FIRMA VENDEDOR]

---

(1) Otra opción: «La parte vendedora hace efectiva entrega de la posesión a la parte compradora en este mismo acto. Asimismo, la parte compradora deberá reintegrar la posesión del inmueble a la parte vendedora, en el estado físico en que se halle y libre de cualquier carga o gravamen impuesto por aquélla, sin derecho a percepción de cantidad alguna por las obras que acaso hubiere realizado a sus expensas en el mismo, en caso de incumplimiento total o parcial de la obligación de pago del precio aplazado, previo requerimiento notarial o judicial —de conformidad con, artículo 1.504 del Código Civil—, y ejercicio de la facultad de resolución en tal caso del presente contrato por la parte vendedora».

(2) De interés la sentencia de la Audiencia provincial de Madrid n.º 511/2013, de 16 de septiembre, ECLI:ES:TS:APM:2013:133386.

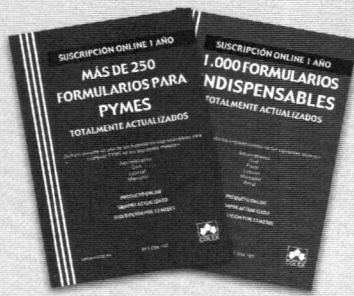